বাচ্চাদের ৩৫০০ নাম

বি.কে. চতুর্বেদী
অনুবাদিকা ঃ শ্রীমতি জলি দে

ডায়মন্ড পকেট বুকস (প্রা:) লিমিটেড
X-30. ওখলা ইন্ডাষ্ট্রিয়াল এরিয়া (ফেজ-২) নূতন দিল্লী-২০

ISBN : 81-288-1366-8

Published by	:	**Diamond Pocket Books (P) Ltd.**
		X-30, Okhla Industrial Area, Phase-II
		New Delhi-110020
Phone	:	011-41611861
Fax	:	011-41611866
E-mail	:	sales@dpb.in
Website	:	www.dpb.in
Edition	:	2026
Printed by	:	G. S. Enterprises

3500 Names for Babies (Bangali)

পুস্তক পরিচিতি :

আপনারা আপনাদের সন্তানের একটা সুন্দর নাম রাখতে চান? তাহলে এই ছোট্ট বইটা ভাল করে পড়ুন। এতে প্রায় ৩৫00 হিন্দু–জৈন–শিখ–মুসলিম এবং ক্রীশ্চান নাম দেওয়া হল– ছেলেদের এবং মেয়েদের। এই বই আপনাকে সঠিক উচ্চারণে সঠিক নাম রাখতে সাহায্য করবে।

: ভূমিকা :

বাচ্চাদের নাম রাখাটা একটা অত্যন্ত গুরুত্বপূর্ণ কাজ। কারণ এটা হল এমন একটা জিনিষ, যা মানুষকে চেনায় এবং ওর ব্যক্তিত্বের পরিচায়ক হয়। যদিও বিখ্যাত কবি শেকস্‌পীয়ের বলেছিলেন যে, "নামে কিবা আসে যায়।" তবুও আমাদের মনে হয়, নামে অনেক কিছু আসে যায়! কারণ, একটা ভাল নাম, সময়ে-সময়ে কাউকে সৎপথে নিয়ে যেতেও সাহায্য করে। শ্রী রামচন্দ্রের নাম শুনলেই আমাদের চোখের সামনে ভেসে ওঠে একজন সৎ ব্যক্তিত্বের অধিকারী পুরুষের মুখ, যা হয়তো কোনদিনও অসৎপথে যাবে না। তাই, আমাদের দেশে নামকরণ অনুষ্ঠানের ওপর এতটা গুরুত্ব দেওয়া হয়।

একটা ভাল নাম, যা উচ্চারণ করাও সোজা, বাছাটা খুবই শক্ত কাজ। সেই সমস্যার সমাধান করতেই এই বইটা প্রকাশ করা হয়েছে। এই বইতে কিছু নতুন এবং জনপ্রিয় নামও যোগ করা হয়েছে। নামগুলো ইংরাজী বর্ণমালা অক্ষরের ক্রমানুযায়ী সাজানো হয়েছে। আমরা এই বইতে শুধুমাত্র প্রথম নামটাই দিয়েছি, পাঠকবৃন্দ তাদের সন্তানদের নামকরণ করার সময় নামের সঙ্গে তাঁদের পছন্দানুযায়ী ছেলেদের ক্ষেত্রে 'চন্দ্র', 'কান্ত' 'কুমার' ইত্যাদি এবং মেয়েদের ক্ষেত্রেও তাঁদের পছন্দানুযায়ী মধ্যেখানের নাম যুক্ত করে নিতে পারেন। তবে, একটা কথা জানিয়ে রাখি হিন্দুদের 'শরৎচন্দ্র' বা মুসলিমদের ক্ষেত্রে 'ইন্তেজার হুসেন' পুরোটাই একটা নাম।

এই বইতে দেওয়া নামগুলোর সঠিক উচ্চারণ পাঠকবৃন্দ সহজেই কোন ভাল অভিধানে পেয়ে যাবেন। যদিও আমরা চেষ্টা করেছি নামগুলোর সঠিক উচ্চারণ এই বইতেই দিতে। খ্রীশ্চান নামের ক্ষেত্রে, সঠিক উচ্চারণ যে কোন ইংরাজী অভিধানে পেয়ে যাবেন।

আমরা আশা করি যে, এই বইটা অভিভাবকদের তাদের প্রিয় সন্তানদের নামকরণ করতে সাহায্য করবে।

বি.কে. চতুর্বেদী

: সূচীপত্র :

আপনাদের সন্তানের নাম রাখার আগে কিছু উপযোগী কথা :

নাম শিশুর নিজের পরিচায়ক হওয়া উচিত এবং নামের একটা মানেও হওয়া উচিত।

নাম যথাসম্ভব ছোট হওয়া উচিত এবং নাম এমন হওয়া উচিত, যা সহজে উচ্চারণ করা যায়।

কিছু নাম আছে, যা অঞ্চল বিশেষে উচ্চারণে কিছুটা হেরফের হয়ে যায়। নাম উচ্চারণের ক্ষেত্রেও কিছুটা রদবদল হয়ে যায়। যেমন, 'রাজেন্দ্র' পাঞ্জাবে উচ্চারিত হয় 'রাজেন্দর'। আমরা এই বইতে এ্যাভারেজ বানান দিচ্ছি। আপনি আপনার পছন্দানুযায়ী নামের উচ্চারণ করতে পারেন।

4. কিছু সম্প্রদায় ছেলে-মেয়েদের নামের ক্ষেত্রে কোনরকম প্রভেদ রাখে না। যেমন–শিখেদের মধ্যে 'রাজেন্দর কৌর' হল মেয়েদের নাম এবং 'রাজেন্দর সিং' হল ছেলেদের নাম। তারা ছেলেদের নামের ভেতর থেকেও মেয়েদের নাম বাছতে পারেন।

5. যারা জ্যোতিষে বিশ্বাস করেন, নীচের টেবিলটা দেওয়া হল তাদের জন্য।

এই টেবিলে প্রত্যেক রাশির অন্তর্গত কিছু এমন শব্দ দেওয়া হল, যা থেকে তারা নাম পছন্দ করতে পারেন।

মেষ : চু, চে, চো, লু, লি, লে, লো, আ।

বৃষ : ই, উ, এ, ও ভা, ভো, ভু, ভে, ভী, বি, ভি।

মিথুন : কা, কী, কু, ঘা, চা, কে, কো, হা।

কর্কট : হী, হু, হে, হো, দা, দি, দু, দে, দো।

সিংহ : মা, মু, মি, মু, মে, মো, তা, তু, তী, তে।

কন্যা : তো, পু, পা, পী, পু, শা, শে, না, থা, পে, পো।

তুলা : রা, রী, রু, রে, রো, তা, তী, তে।

বৃশ্চিক : তো, না, নু, নে, ইয়া, ইয়ু।

ধনু : ইয়ে, ইয়ো, ভা, ভু, ভী, ভু, ধা, ধু ফু।

মকর : ভো, জা, জু, জে, জি, জী, ঘি, খু, খো, গু, গী।

কুম্ভ : গু, গে, গো, সা, সো, সু, সে, দা, দু।

মীন : দী, দু, দো, থা, ত্রা, দে, দো, চা, চো, চু।

6. কিছু নাম আছে যেগুলো এক নির্দিষ্ট সম্প্রদায়ের নাম হওয়া সত্ত্বেও অন্য সম্প্রদায়ের লোকেরাও ব্যবহার করে। এটা খুবই ভাল লক্ষণ। তবে, নাম বাছার আগে নামের প্রকৃত অর্থ, বানান এবং সঠিক উচ্চারণ জেনে নেওয়া উচিত।

১. কিছু নতুন এবং জনপ্রিয় হিন্দু/শিখ/ জৈন নাম

(i) ছেলেদের নাম

(A)
আভাষিত (Aabhasita)
আধ্যোৎ (Aadhyot)
আদিনাথ (Aadinath)
আলোক (Aalok)
আমোদ (Aamod)
আশীষ (Aashish)
আশুতোষ (Aashutosh)
অভয় (Abhaya)
অভয়ংকর (Abhyankar)
অভীক (Abheek)
অভিজিৎ (Abhijit)
অভিলাষ (Abhilash)
অভিমন্যু (Abhimonyu)
অভিষ্ট (Abhieshtha)
অভিষেক (Abhishek)
অচল (Achal)
অদম্য (Adamya)
অজয় (Ajay)
অজেয় (Ajeya)
অজিত (Ajit)
অখিলেশ (Akhilesh)
অক্ষয় (Akshya)
অমল (Amal)
অমলেন্দু (Amalendu)
অম্বর (Ambar)
অম্বুজ (Ambuja)
অমিত (Amit)
অমিতাভ (Amitabh)
অমরজিত (Amarjit)
অমর সিং (Amar Singh)
অমরনাথ (Amarnath)
অমরকান্ত (Amarkant)
অনখ (Anogh)
অনল (Anal)
অনন্ত (Anant)
অনংগ (Ananya)
অঙ্কিত (Ankit)

অঙ্কুশ (Ankush)
অংগজ (Angaj)
অংগদ (Angad)
অংগপাল (Angapal)
অংগরাজ (Angraj)
অঙ্গিরস (Angiras)
অঙ্গিরা (Angira)
অনীশ (Aneesh)
অনিল (Anil)
অনিরুদ্ধ (Aniruddha)
অনুপ (Anoop)
অনুপম (Anupam)
অনুরাগ (Anuraag)
অংশুমালী (Anshumali)
অঞ্চিত (Anchita)
অঞ্জন (Anjan)
অঞ্জনি কুমার
(Anjani Kumar)
অঞ্জনিনন্দন (Anjaninandan)
অঞ্জিত (Anjit)
আতঙ্ক (Atank)
অন্তপাল (Antapal)
অম্বরীশ (Ambarish)
অম্বাপ্রসাদ (Ambaprasad)
অম্বিকেয় (Ambikeya)
অম্বুদ (Ambud)
অম্বুধর (Ambudhar)
অম্বুনাথ (Ambunath)
অম্বুনিধি (Ambunidhi)
অম্বুপতি (Ambupati)
অম্ভোজ (Ambhoj)
অম্ভোদ (Ambhod)
অম্ভোধর (Ambhodhar)
অম্ভিধর (Ambhidhar)
অংশ (Ansha)
অংশী (Anshi)
অংশু (Anshu)
অংশিত (Anshit)
অংশুপতি (Anshupati)
অংশুমন্ত (Anshumant)
অংশুমান (Anshuman)
অংশুমন্ত (Anshumant)
অক্রুর (Akroor)
অক্ষকুমার (Akshakumar)
অক্ষপাদ (Akshipad)
অক্ষাংশ (Akshansh)
অগস্ত্য (Agastya)
অগেন্দ্র (Agendra)

অগ্নিকুমার (Agnikumar)
অগ্নিশর্মা (Agnisharma)
অগ্নিদেব (Agnideva)
অগ্নিমনি (Agnimani)
অগ্নিবেশ (Agnivesh)
অগ্নিবাহু (Agnibahu)
অগ্নিমিত্র (Agnimitra)
অগ্নিহোত্রী (Agnihotri)
অগ্নিশেখর (Agnisekhar)
অগ্রজ (Agraj)
অগ্রদাস (Agradas)
অগ্রবীর (Agraveer)
অগ্রসেন (Agrasen)
অঘোষ (Aghosh)
অচর (Achar)
অচকেন্দ্র (Achakendra)
অচলপতি (Achalpati)
অচলরাজ (Achalraj)
অচ্যুৎ (Achyut)
অচ্যুতানন্দ (Achyutananda)
অজ (Aja)
অজপতি (Ajapati)
অজয়পাল (Ajaypal)
অজর (Ajar)
অজাতশত্রু (Ajatshtru)
অজিতনাথ (Ajitnath)
অজেয় (Ajeya)
অজ্ঞেয় (Ajyeya)
অটল (Atal)
অটলবিহারী (Atalbehari)
অতিকান্তিবন (Atikantivan)
অতিকান্ত (Atikanta)
অতিরাজ (Atiraja)
অতিরিক্ত (Atirikta)
অতীত (Atita)
অতুল (Atul)
অত্রি (Atri)
অত্রিজ (Atriya)
আত্রেয় (Atraya)
আদিত্য (Aditya)
অধিরথ (Adhirath)
অধীশ (Adheesh)
অধীশ্বর (Adheeshwar)
অনন্তনাথ (Anantanath)
অনন্তবীর্য্য (Anantaveerya)
অনন্তবন্ধু (Anantabandhu)
অনন্তরাম (Anantaram)
অনন্তকুমার (Anantakumar)

অনন্তপ্রকাশ
(Anantaprakash)
অনীত (Anit)
অনুগুপ্ত (Anugupta)
অনুজ (Anuj)
অনুতোষ (Anutosh)
অনুদেশ (Anudesh)
অনুনয় (Anunaya)
অনুভব (Anubhav)
অনুরোধ (Anurodh)
অভয়বীর (Abhayavir)
অভিজয় (Abhijaya)
অভিজাত (Abhijat)
অভিজিত (Abhijit)
অভিতাপ (Abhitap)
অভিনন্দন (Abhinandan)
অভিনব (Abhinov)
অভিনিত (Abhineet)
অভিপ্রায় (Abhipraya)
অভিরাম (Abhiram)
অভিবেগ (Abhivega)
অভিসার (Abhisar)
অভিক্ষ (Abheeshna)
অভিরু (Abheeru)

অভূত (Abhoot)
অমরেন্দ্র (Amarendra)
অমলমণি (Amalmoni)
অমৃতেশ (Amritesh)
অমেধ (Amedh)
অযোধ্যেয় (Ayodhheya)
অযোধ্যাপ্রসাদ
(Ayodhaprasad)
অয়ন (Ayan)
অরবিন্দবন্ধু
(Arvinda bandhu)
অরবিন্দলোচন
(Arvindalochan)
অরিসূদন (Arisoodan)
অরুজ (Aruj)
অরুণকিশোর
(Arunkishore)
অরুণ প্রকাশ
(Arun prakash)
অরুনেশ (Arunesh)
অর্ণব (Arnab)
অর্ণদ (Arnad)
অর্থপতি (Arthapati)
অর্পণ (Arpan)

অলিল (Alil)
অলোক (Alok)
অবন্তিনাথ (Avantinath)
অবকাশ (Avakash)
অবকেশ (Avakesh)
অবধবীর (Avadhveer)
অবনীশ (Avaneesh)
অবনীপাল (Abanipal)
অববোধ (Avabodh)
অবভাস (Avabhas)
অবলোক (Avaloka)
অবিনাশ (Avinash)
অবিনাশী (Avinashi)
অবিষ (Avish)
অশঙ্ক (Ashank)
অশির (Ashir)
অশেষ (Ashesh)
অশোক (Ashok)
অশ্বকেতু (Ashwaketu)
অশ্বঘোষ (Ashwaghosh)
অশ্বত্থামা (Ashwathhama)
অশ্বসেন (Ashwasen)
অশ্বল (Ashwal)
অশ্বিনী (Ashwini)
অশ্বিনীকুমার
(Ashwinikumar)
অসিত (Asit)
অসীম (Asheem)
আত্মেশ্বর (Aatmeshwar)
আত্মবীর (Aatmaveer)
আত্মানন্দ (Aatmanando)
আত্মাশরণ (Aatmesharan)
আত্রেয় (Aatraya)
আদর্শ (Aadarsh)
আদেশ (Aadesh)
আধার (Aadhar)
আনন্দ (Aanand)
আনন্দমূর্তি (Anandamurti)
আভাষ (Aabhas)
আভাষ (Aabhas)
আকাশ (Anand)
আশ্রয় (Aashraya)
আরুণি (Aaruni)
আর্যদেব (Arayadeva)
আর্যভট্ট (Aryabhotta)
আলেখ (Aalekh)
আবেগ (Aavega)
আশিষদেব (Aashishdev)

আশ্লেষ (Aashlesh)
আশ্বাস (Aashwas)
আহ্লাদ (Aahlaad)
আয়ুজ (Ayuj)
আয়ুর্বেদ (Aayurved)
(B)
বকুর (Bakur)
বকুল (Bakul)
বজরঙ্গ (Bajrang)
বলজিত (Baljit)
বলদেব (Baldeva)
বলভদ্র (Balbhadra)
বলরাজ (Balraj)
বলবীর (Balbir)
বালেন্দু (Balendu)
বালমুকুন্দ (Balmukund)
বালকৃষ্ণ (Balkrishna)
বলবিন্দর (Balwinder)
বানওয়ারীলাল (Banwarilal)
বনরাজ (Banraj)
বংশীধর (Banshidhar)
বঙ্কিমচন্দ্র
(Bankimchandra)
বন্ধুদত্ত (Bandhudutta)
বংশী (Bansi)
বংশীকৃষ্ণ (Bansikrishna)
বংশীলাল (Bansilal)
বংশীদেব (Bansidev)
বলবীর (Balveer)
বলবন্ত (Balwant)
বোমভোলে (Bombhole)
বোধপ্রকাশ (Bodhprakash)
ব্রহ্মানন্দ (Brahmananda)
ব্রজেশ (Brajesh)
ব্রজেশ্বর (Brojeshwar)
বৃজেন্দ্র (Brijendra)
বৃজকিশোর (Brijkishore)
বৃষভানু (Brishbhanu)
ভাগেষ (Bhagesh)
ভাগবন্ত (Bhagwant)
ভাগবত (Bhagwat)
ভগবান (Bhagwan)
ভরত (Bharat)
ভবভূতি (Bhavabhuti)
ভবেশ (Bhavesh)
ভব্য (Bhavya)
ভানু (Bhanu)
ভারতেন্দু (Bharatendu)

ভূপাল (Bhoopal)
ভূপেন্দ্র (Bhoopendra)
ভূষণ (Bhooshen)
ভুবন (Bhuvan)
ভুবনেশ (Bhuvanesh)
ভুবনেশ্বর (Bhuvaneshwar
ব্রহ্মা (Bhahma)
ভানুমিত্র (Bhanumitra)
ভানুমান (Bhanuman)
ভানুসেন (Bhanusen)
ভানুদেব (Bhanudev)
ভারত (Bhaarat)
ভরদ্বাজ (Bharadwaj)
ভালচন্দ্র (Bhalchandra)
ভাসু (Bhasu)
ভাস্কর (Bhaskar)
ভাস্করচার্য
(Bhaskaracharya)
ভীমসেন (Bheemsen)
ভীমকুমার (Bheemkumar)
ভীমরাজ (Bheemraj)
ভীষ্ম (Bheeshma)
ভীষ্মক (Bheeshmak)
ভুজগেন্দ্র (Bhujgendra)

ভূকর্ণ (Bhukarna)
ভূরিশ্রবা (Bhurishrava)
ভূতেশ্বর (Bhuteshwar)
ভূধর (Bhoodhar)
ভূমিদেব (Bhoomidev)
ভূমিপতি (Bhoomipati)
ভূমিসেন (Bhoomisen)
ভৃঙ্গরাজ (Bhringaraj)
ভৃগু (Bhrigu)
ভৃগুদত্ত (Bhrigudutta)
ভৃগুদাস (Bhrigudas)
ভৈরব প্রসাদ
(Bhairav Prasad)
ভূরিসেন (Bhoorisen)
ভৈরব দত্ত (Bhairav Dutta)
ভোগেশ্বর (Bhageshwar)
ভোগেন্দ্র (Bhogendra)
ভোজ (Bhoj)
ভোজদেব (Bhojdev)
ভোজপতি (Bhojpati)
ভোলানাথ (Bholanath)
ভোলাশংকর (Bholashankar)
ভৌম (Bhaum)
ভৌমদেব (Bhaumdev)

ভৌমিক (Bhaumik)
ভ্রমর (Bhramar)
ভূতিদেব (Bhootideva)
C
চক্রধর (Chakradhar)
চক্রেশ্বর (Chakreshwar)
চঞ্চল (Chanchal)
চন্দ্রকৌশিক (Chandrakaushik)
চন্দ্রভানু (Chandrabhanu)
চন্দ্রভার্গব (Chandrabhargava)
চন্দ্রিকা প্রসাদ (Chandrikaprasad)
চন্ডিপতি (Chandipati)
চন্ডিশ (Chandeesh)
চন্দেশ্বর (Chandeshwar)
চাঁদ (Chand)
চন্দক (Chandak)
চন্দন (Chandan)
চন্দ্র (Chandra)
চন্দ্রক (Chandrak)
চন্দ্রকান্ত (Chandrakanta)
চন্দ্রহার (Chandrahar)
চন্দ্রকিশোর (Chandrakishore)
চন্দ্রকুমার (Chandrakumar)
চন্দ্রকেতু (Chandraketu)
চন্দ্রচূড় (Chandrachooda)
চন্দ্রদেব (Chandradeva)
চন্দ্রধর (Chandradhar)
চন্দ্রপ্রকাশ (Chandraprakash)
চন্দ্রপ্রতাপ (Chandrapratap)
চন্দ্রবাহু (Chandrabahu)
চন্দ্রভানু (Chandrabhanu)
চন্দ্রভাল (Chandrabhal)
চন্দ্রভূষণ (Chandrabhushan)
চন্দ্রমণি (Chandramani)
চন্দ্রমোহন (Chandramohan)
চন্দ্রমৌলি (Chandramouli)
চন্দ্রমৌলেশ্বর (Chandramauleshwar)
চন্দ্রশূর (Chandrashoor)
চন্দ্রশেখর (Chandrasekhar)
চন্দ্রাংশু (Chandranshu)

চক্রদত্ত (Chakradutta)
চক্রপানি (Chakrapani)
চক্রপালিত (Chakrapalit)
চক্রবন্ধু (Chokrabandhu)
চক্রবর্তী (Chakravarty)
চক্রেশ্বর (Chakreshwar)
চণক (Chanok)
চতুর্ভুজ (Chaturbhuj)
চতুর্ভুজদাস (Chaturbhujdas)
চতুর্ভুজী (Chaturbhuji)
চতুরানন (Chaturanan)
চতুর্বেদী (Chaturvedi)
চম্পক (Champak)
চমন (Chaman)
চমনলাল (Chamanlal)
চরক (Charak)
চরণদাস (Charandas)
চন্দকুমার (Chandakumar)
চাণক্য (Chanakya)
চারুদত্ত (Charudutta)
চারুবিন্দু (Charubindu)
চিন্তামণি (Chintamani)
চিত্তরঞ্জন (Chittaranjan)
চিত্রকেতু (Chitrakethu)
চিত্রগুপ্ত (Chitragupta)
চিত্রদেব (Chitradeva)
চিত্রভানু (Chitrabhanu)
চিত্রবর্মা (Chitraverma)
চিত্রসেন (Chitrasen)
চিত্রাঙ্গদ (Chitrangad)
চিত্রাদিত্য (Chitraditya)
চিত্রেশ (Chitresh)
চিদানন্দ (Chidananda)
চেতন (Chetan)
চৈতন্য (Chaitanya)
চ্যবন (Chyavan)

D

দয়াসিন্ধু (Dayasindhu)
দরেন্দ্র (Darandra)
দর্শনলাল (Darshanlal)
দলজিত (Daljit)
দামোদরদাস (Damodardas)
দম্ভহারী (Dambhahari)
দিগম্বরনাথ (Digambarnath)
দিগেশ (Digesh)
দীনকর (Dinkar)
দিনমান (Dinman)

দিলীপ (Dilip)
দিবিজ (Divij)
দিবেশ (Divesh)
দুর্বিজয় (Durvijay)
দুষ্মন্ত (Dushyant)
দুর্ধর্ষ (Durdharsh)
দ্বারিকানাথ (Dwarikanath)
দ্বিজেন্দ্র (Dwijendra)
দ্বিজেশ (Dwijesh)
ধনঞ্জয় (Dhananjay)
ধনেশ (Dhanesh)
ধরাধর (Dharadhar)
ধর্মেন্দ্র (Dharmendra)
ধর্মরাজ (Dharmaraj)
ধর্মেশ (Dharmesh)
ধীরেন্দ্র (Dhirendra)
ধীরাজ (Dheeraj)
দীপক (Deepak)
দীপ্তাংশু (Deeptenshu)
দেব (Dev)
দেবক (Devak)
ধবল (Dhawal)
দেবেন (Deven)
দেবেন্দ্র (Devendra)
দেশবন্ধু (Deshbandhu)
দীনেশ (Dinesh)
দীনেশ (Deenesh)
দীনদয়াল (Deendayal)
দুষ্মন্তসুত (Dushyantsuta)
দুষ্টেশ (Dushtesh)
দুষ্টদমন (Dushtadaman)
ধ্রুব (Dhruv)
ধ্রুবেশ (Dhruvesh)
ধ্রুবনাথ (Dhruvanath)
ধ্রুবেন্দ্র (Dhruvendra)
দরিদ্রনারায়ণ
(Daridranarayan)
ধ্যানেশ (Dhyanesh)
ধুরন্ধর (Dhurandhar)
ধর্মধ্বজ (Dharmadhwaj)
দশমেশ (Dashmesh)
ধনদ (Dhanada)

E

ঐশ্বর্যবান (Eishwaryavan)
একনাথ (Eknath)
একলব্য (Eklavya)
একচক্র (Ekchakra)
একান্ত (Ekant)

ইন্দ্রজালিক (Eindrajalik)

G

গঙ্গাধর (Gangadhar)

গঙ্গেশ (Gangesh)

গগন (Gagan)

গজধর (Gajadhar)

গজেন্দ্র (Gajendra)

গরুংধ্বজ (Garundhwaj)

গৌতম (Gautam)

গৌরব (Gaurav)

গৌরীনন্দন (Gourinandan)

গৌরীশ (Gourish)

গৌরীশংকর (Gourishankar)

গৌরীনাথ (Gourinath)

গণদেব (Ganadeva)

গণধর (Ganadhar)

গণনাথ (Gananath)

গিরিজাশংকর (Girijashankar)

গিরিধ্বজ (Giridhwaj)

গিরিজাশরণ (Girijasharan)

গুণনিধি (Gunanidhi)

গুণপ্রিয় (Gunapriya)

গণনায়ক (Gananayak)

গণপতি (Ganapati)

গণেশ (Ganesh)

গণেশদত্ত (Ganeshdutta)

গণেশপ্রসাদ (Ganeshprasad)

গণেশভূষণ (Ganeshbhushan)

গরুনেশ (Garunesh)

গর্গ (Garg)

গয়াপ্রসাদ (Gayaprasad)

গাধি (Gadhi)

গিরিশ (Girish)

গিরিক (Girik)

গিরিজানন্দন (Girijanandan)

গিরিজাপতি (Girijapati)

গিরিধর (Giridhar)

গিরিজাকিশোর (Girijakishore)

গিরিনাথ (Girinath)

গিরীন্দ্র (Gireendra)

গিরীশ (Gireesh)

গুণবর্ধন (Gunavardhan)

গুণবন্ত (Gunawant)

গুনসাগর (Gunasagar)
গুনাকর (Gunakar)
গুনেশ্বর (Guneshwar)
গুরু (Guru)
গুরুসেবক (Gurusevak)
গুরুদাস (Gurudas)
গুরুদত্ত (Gurudutta)
গুরুদিত্ত (Guruditta)
গুরুগোবিন্দ (Gurugovinda)
গুরুচরণ (Gurucharan)
গুরুশরণ (Gurusharan)
গোকর (Gokar)
গোকর্ণ (Gokarna)
গোকুলনাথ (Gokulnath)
গোকুল প্রসাদ (Gokulprasad)
গোপতি (Gopati)
গোপাল (Gopal)
গোপালকৃষ্ণ (Gopalkrishna)
গোপালদাস (Gopal Das)
গৌতম (Gautam)
গোপীচাঁদ (Gopichand)
গুপলেশ (Guplesh)
গোপালশংকর (Gopalshankar)
গোপালস্বরূপ (Gopalswaroop)
গোপালি (Gopali)
গোপীকৃষ্ণ (Gopikrishna)
গোপীনাথ (Gopinath)
গোপীরাম (Gopiram)
গোপেন্দ্র (Gopendra)
গোপেশ (Gopesh)
গোপেশ্বর (Gopeshwar)
গোরখনাথ (Gorakhnath)
গোবর্ধনদাস (Govardhandas)
গোবিন্দ (Govinda)
গোবিন্দদাস (Govindadas)
গোবিন্দনারায়ণ (Govindanarayan)
গোবিন্দপ্রসাদ (Govindaprasad)
গোস্বামী (Goswami)
গোস্বামীদাস (Goswamidas)
গুপলেশ্বর (Gupleshwar)
গুপ্তেশ (Guptesh)

H

হমেশ (Hamesh)

হনীশ (Haneesh)

হেহয়নাথ (Haihaynath)

হরদেব (Hardev)

হরস্বরূপ (Haraswaroop)

হরেন্দ্র (Harendra)

হরিকৃষ্ণ (Harikrishna)

হরিদাস (Haridas)

হরিনাথ (Harinath)

হরিতাভ (Haritabh)

হংসরাজ (Hansharaj)

হনুমান (Hanuman)

হংসকুমার (Hanshakumar)

হনুমানপ্রসাদ (Hanumanprasad)

হরিকেশ (Harikesh)

হরিদেব (Haridev)

হরিনারায়ণ (Harinarayan)

হরিবংশ (Haribansha)

হরিবল্লভ (Hariballav)

হরিশংকর (Harishankar)

হরিশচন্দ্র (Harishchandra)

হরিশ (Harish)

হর্ষ (Harsha)

হর্ষবর্ধন (Harshavardhan

হিমাংশু (Himanshu)

হীরা (Heara)

হীরালাল (Heeralal)

হেমন্ত (Hemanta)

হেম (Hem)

হেমকর (Hemkar)

হেমকেশ (Hemkesh)

হেমগিরি (Hemgiri)

হেমচন্দ্র (Hemchandra)

হেমপ্রকাশ (Hemprakash)

হেমপাল (Hempal)

হেমবতীনন্দন (Hembatinandan)

হেমরাজ (Hemraj)

হেমসাগর (Hemsagar)

হৃদয় (Hridaya)

হৃদয়নাথ (Hridayanath

হৃদয়াংশু (Hridayanshu

হৃষিকেশ (Hrishikesh)

হৃষিকেশ্বর (Hrishikeshwar)

I
ইন্দিবর (Indivar)
ইঙ্গিত (Ingit)
ইন্দব (Indav)
ইন্দিবরেশ (Indivaresh)
ইন্দুকর (Indukar)
ইন্দুকান্ত (Indukanta)
ইন্দুজ (Induj)
ইন্দুপ্রকাশ (Induprakash)
ইন্দুপ্রতাপ (Indupratap)
ইন্দুভূষণ (Indubhushan)
ইন্দুমণি (Indumani)
ইন্দুরত্ন (Induratna)
ইন্দুশেখর (Indushekhar)
ইন্দ্র (Indra)
ইন্দ্রকিশোর (Indrakishore)
ইন্দ্রকুমার (Indrakumar)
ইন্দ্রজিত (Indrajit)
ইন্দ্রদেব (Indradeva)
ইন্দ্রধ্বজ (Indradhwaj)
ইন্দ্রদুম্ন (Indradumna)
ইন্দ্রনারায়ণ (Indranarayan)
ইন্দ্রপ্রতাপ (Indrapratap)
ইন্দ্রব্রত (Indrabrata)
ইন্দ্রনাথ (Indranath)
ইন্দ্রসেন (Indrasen)
ইন্দ্রানুজ (Indranuja)
ইশ্বাকু (Ishwaku)
ইরেশ (Iresh)
ইলাচন্দ্র (Ilachandra)
ঈশ (Ish)
ঈশকুমার (Ishkumar)
ঈশান (Ishan)
ঈশ্বর (Ishwar)
ঈশ্বরকুমার (Ishwarkumar
ঈশ্বরচন্দ্র
(Ishwarchandra)
ঈশ্বরদত্ত (Ishwardutta)
ঈশ্বরনন্দন (Ishwarnandan)
ঈশ্বরীপ্রসাদ
(Ishwariprasad)
ঈশ্বরচরণ (Ishwarcharan)
ঈশ্বরস্বরূপ
(Ishwarswaroop)
ঈশ্বরানন্দ
(Ishwarananda)
ঈশোন্মুখ
(Ishanmukh)
J
জগৎ (Jagat)

জগতজিত (Jagatjit)
জগজিত (Jagajit)
জগৎনারায়ণ
(Jagatnarayan)
জগদম্বাপ্রসাদ
(Jugadambaprasad)
জগৎকিশোর (Jagatkishore)
জগৎপ্রকাশ (Jagatprakash)
জগৎপ্রভু (Jagatprabhu)
জগৎবীর (Jagatveer)
জগৎবিহারী (Jagatbehari)
জগৎমোহন (Jgatmohan)
জগদাধর (Jagadadhar)
জগদানন্দ (Jagadananda)
জগদীপ (Joydeep)
জগদীশ (Jagadeesh)
জগদীপক (Jogadeepak)
জগদীশপ্রসাদ
(Jogadeeshprasad)
জগদীশশরণ
(Jagadeeshsharan)
জগদীশ্বর (Jagadishwar)
জগদেব (Jagadev)
জগনক (Jaganak)
জগনারায়ণ (Jaganarayan)
জগন্নাথ (Jagannath)
জগন্নাথ প্রসাদ
(Jagannathprasad)
জগন্নিবাস (Jaganniwas)
জগভূষণ (Jagabhushan)
জগমোহন (Jagamohan)
জগরাম (Jagaram)
জগবিহারী (Jagabehari)
জনক (Janak)
জনমেজয় (Janmenjaya)
জনার্দন (Janardan)
জনেন্দ্র (Janendra)
জনেশ (Janesh)
জমদগ্নি (Jamadagni)
জমনা (Jamna)
জমনাপ্রসাদ (Jamnaprasad)
জমনাদাস (Jamnadas)
জয়ন্ত (Jayant)
জয় (Joy)
জয়কৃষ্ণ (Joykrishna)
জয়গোপাল (Joygopal)
জয়চন্দ্র (Joychandra)
জয়তসেন (Joyatsen)

জয়দ্রথ (Jayadrath)
জয়দবল (Jayadbal)
জয়ধ্বজ (Jayadhwaj)
জয়নারায়ণ (Jayanarayan)
জয়প্রকাশ (Jayprakash)
জয়পাল (Jaipal)
জয়প্রিয় (Jaipriya)
জয়রাম (Jairam)
জয়বন্ত (Jayawant)
জয়শংকর (Jaishankar)
জয়স্বামী (Jaiswami)
জয়াদিত্য (Jayaditya)
জয়েন্দ্র (Jayendra)
জয়দেব (Jaidev)
জলধর (Jaladhar)
জলভূষণ (Jalabhushan)
জলেন্দ্র (Jalendra)
জলেশ (Jalesh)
জহর (Jawahar)
জানকীপ্রসাদ
(Janakiprasad)
জানকীভূষণ
(Janakibhushan)
জানকীরাম (Janakiram)
জানকীবল্লভ
(Janakivallabh)
জানকীশরণ (Janakisharan)
জিতেন্দ্র (Jitendra)
জিনেন্দ্র (Jinendra)
জিতেন্দ্রিয় (Jitendriya)
জিতেন্দ্র (Jitendra)
জীবন (Jiwan)
জীবনদাস (Jeewandash)
জীবনপ্রকাশ
(Jeevanprakash)
জীবেশ (Jeevesh)
জয়নেন্দ্র (Jainendra)
জয়মিনি (Jaimini)
জশপাল (Jashpal)
জশদেব (Jashdev)
জশবীর (Jashveer)
K
কন্নাদ (Kannad)
কন্দর্প (Kandarpa)
কান্হাইয়া (Kanhaiya)
কমল (Kamal)

কমলনয়ন (Kamalnayan)
কমলকান্ত (Kamalkant)
কমলাকর (Kamlakar)
কমলেশ (Kamalash)
কমলেশ্বর (Kamaleshwar)
কপিলদেব (Kapildev)
করুণেশ (Karunesh)
করুণাকর (Karunakar)
করুণানিধি (Karunanidhi)
কালাধর (Kaladhar)
কল্যাণ (Kalyan)
কাশ্যপ (Kashyap)
কামেশ্বর (Kameshwar)
কাঞ্চন (Kanchan)
কাঞ্জন (Kanjan)
কন্ঠমণি (Kanthamani)
কন্দর্পমন (Kandarpaman)
কাম্বোজ (Kamboj)
কন্ব (Kanva)
কদম্ব (Kadamba)
কনক (Kanak)
কনকভূষণ
(Kanakbhushan)
কনিষ্ক (Kanishka)

কান্হাইয়াদাস (Kanhaiyadas)
কান্‌হাইয়ালাল (Kanhaiyalal)
কপালী (Kapalee)
কপীশ (Kapeesh)
কপিধ্বজ (Kapidhwaj)
কপিরথ (Kapirath)
কপিলদেও (Kapildeo)
কপিলাশ্ব (Kapilashwa)
কপিন্দ্র (Kapindra)
কবিন্দ্র (Kaveendra)
কমলস্বরূপ
(Kamalswaroop)
কমলবন্ধু
(Kamalbandhu)
কমলনাথ (Kamalnath)
কমলভব (Kamalbhov)
কমলভূ (Kamalbhoo)
কমলকান্ত (Kamalkanta)
কমলকিশোর
(Kamalkishore)
কমলকুমার (Kamal Kumar)
কমলাকর (Kamlakar)
কমলাক্ষ (Kamalaskha)
কমলাপতি (Kamalapati)

কমলেশ (Kamalesh)
কমলেশ্বর (Kamaleshwar)
করণ (Karan)
করুণ (Karun)
করুণেশ (Karunesh)
করুণাকর (Karunakar)
করুণাময় (Karunamoy)
কর্ণ (Karna)
করণজিত (Karanjit)
কর্ণপাল (Karnapal)
কর্ণভূষণ (Karnabhushan)
কর্ণবীর (Karnaveer)
কর্মবীর (Karmaveer)
কলহংস (Kalhans)
কলাকার (Kalakar)
কলাধর (kaladhar)
কলানাথ (Kalanath)
কলানিধি (Kalanidhi)
কালীনাথ (Kalinath)
কল্পতরু (Kalpataru)
কল্যাণ (Kalyan)
কবি (Kavi)
কবিশ (Kaveesh)
কান্তকর (Kantakar)
কান্তিকুমার (Kanti Kumar)
কান্তিকিশোর (Kanti Kishore)
কান্তিকৃষ্ণ (Kanti Krishna)
কান্তিপ্রিয় (Kanti Priya)
কান্তিবল্লভ (Kantiballav)
কান্তিভদ্র (Kantibhadra)
কাত্যায়ণ (Katyayan)
কামেন্দ্র (Kamendra)
কামজিত (Kamjit)
কামসূত (Kaamsuta)
কামিনীকান্ত (Kaminikant)
কামোদ (Kamod)
কার্তিকেয় (Kartikeya)
কালনিধি (Kaalnidhi)
কালিদাস (Kalidas)
কালীচরণ (Kalicharan)
কাশীরাজ (Kashiraj)
কাশীনাথ (Kashinath)
কিশোরকুমার (Kishore Kumar)
কামদেব (Kaamdava)
কিশোরীদাস (Kishoridas)
কিশোরীলাল (Kishorilal)
কিশোরলাল (Kishorelal)
কীর্তিদাস (Kirtidas)

কীর্তিকর (Kirtikar)
কীর্তিদেব (Kirtideva)
কীর্তিভূষণ (Kirtibhushan)
কীর্তিবল্লভ (Kirtiballabh)
কুঞ্জবিহারী (Kunjabehari)
কুনাল (Kunal)
কুন্দন (Kundan)
কুম্ভজ (Kumbhaj)
কুমারসম্ভব
(Kumar Sambha)
কুলদীপ (Kuldeep)
কুলদেব (Kuldeva)
কুলপতি (Kulpati)
কুলবর্ধন (Kulbardhan)
কুলশ্রেষ্ঠ (Kulshrestha)
কুলেশ্বর (Kuleshwar)
কুবের (Kuber)
কুবেরদত্ত (Kuberdutta)
কুশ (Kush)
কুশকেতু (Kushketu)
কুশধ্বজ (Kushdhwaj)
কুশনাভ (Kushnabh)
কুসুমকর (Kusumkar)
কৃপানন্দন (Kripanandan)
কৃপাচার্য (Kripacharya)
কৃপানিধি (Kripanidhi)
কৃপারাম (Kriparam)
কৃপাশংকর (Kripashankar)
কৃপাসাগর (Kripasagar)
কৃপাস্বরূপ (Kripaswaroop)
কৃষ্ণ (Krishna)
কৃষ্ণ কুমার (Krishnakumar)
কৃষ্ণচন্দ্র
(Krishna Chandra)
কৃষ্ণদত্ত (Krishna Dutta)
কৃষ্ণদেব (Krishna Deva)
কৃষ্ণনন্দন (Krishnanandan)
কৃষ্ণভূষণ
(Krishnabhushan)
কৃষ্ণমণি (Krishnamani)
কৃষ্ণমূর্তি (Krishnamurti)
কৃষ্ণরাজ (Krishnaraj)
কৃষ্ণকান্ত (Krishnakant)
কৃষ্ণ গোপাল (Krishna Gopal)
কৃষ্ণপ্রকাশ
(Krishna Prakash)
কৃষ্ণমুরারী (Krishna Murari)
কৃষ্ণবীর (Krishnaveer)

কৃষ্ণসহায় (Krishnasahaya)
কৃষ্ণস্বরূপ (Krishnaswaroop)
কৃষ্ণলাল (Krishnalal)
কৃষ্ণানন্দ (Krishnananda)
কেতুমান (Ketuman)
কেদারনাথ (Kedarnath)
কেদারনন্দন (Kedarnandan)
কেবল (Kewal)
কেবলকিশোর (Kewalkishore)
কেবলানন্দ (Kewalananda)
কেশরাজ (Keshraj)
কেশব (Kesheb)
কেশবদত্ত (Keshebdutta)
কেশব কুমার (Keshab Kumar)
কেশবদাস (Keshab das)
কেশবনন্দন (Keshabnandan)
কেশবশরণ (Keshabsharan)
কৈলাশ (Kailash)
কৈলাশনাথ (Kailashnath)
কৈলাশপতি (Kailashpati)
কৈলাশশরণ (Kailashsharan)
কোমল (Kamal)
কোমলকান্ত (Komalkant)
কোনার্ক (Konark)
কৌটিল্য (Kautilya)
কৌশল (Kaushal)
কৌশল কিশোর (Kaushal Kishore)
কৌশিক (Kaushik)
ক্রান্তিবীর (Krantiveer)
ক্রান্তিকিশোর (Kranti Kishore)
ক্রান্তিপ্রসাদ (Kranti Prasad)
ক্রান্তিস্বরূপ (Kranti Swaraoop)
ক্ষিতিজ (Kshitij)
ক্ষিতিদেব (Kshitidev)
ক্ষিতীশ (Kshitish)
ক্ষিতিশ্বর (Kshitiswar)
ক্ষিরজ (Ksheeraj)
ক্রান্তিকুমার (Kranti Kumar
ক্ষেমকর্ণ (Kshemkarna)
খঞ্জন (Khanjan)
খগেন্দ্র (Khagendra)

খরাংশু (Kharanshu)
খিদির (Khidir)
খরারী (Kharari)
খুশবন্ত (Khushwant)
খুশীরাম (Khushiram)
L
লক্ষণ (Lakshman)
লক্ষণ কিশোর
(Lakshmankishore)
লক্ষণ কুমার
(Lakshman Kumar)
লক্ষণদত্ত
(Lakshman Dutta)
লক্ষণদাস (Lakshmandas)
লক্ষ্মীকান্ত (Lakshi Kanta)
লক্ষ্মীধর (Lakshidhar)
লক্ষ্মীনাথ (Lakshminath)
লক্ষ্মীনারায়ণ
(Lakshminarayan)
লক্ষ্মীনিধি (Lakshminidhi)
লক্ষ্মীনিবাস
(Lakshminiwas)
লক্ষ্মীপতি (Lakshmipati)
লক্ষ্মীরমণ (Lakshmiraman).
লক্ষ্মীবল্লভ
(Lakshmivallabh)
লক্ষ্মীবিলাস (Lakshmivilas)
লক্ষ্মীদত্ত
(Lakshmidutta)
লক্ষ্মীদাস (Lakshmidas)
লক্ষ্মীপ্রসাদ
(Lakshmiprasad)
ললিতলোচন (Lalit Lochan)
ললিত কিশোর (Lalit Kishore)
ললিত নারায়ণ
(Lalit Narayan)
ললিতভূষণ (Lalit Bhushan)
ললিতমোহন (Lalit Mohan)
ললিতেশ (Lalitesh)
লালচন্দ্র (Lalchandra)
লালসিং (Lal Singh)
লালবাহাদুর (Lalbahadur)
লালমণি (Lalmani)
লাজপতরায় (Lajpatrai)
লীলাধর (Liladhar)
লেখরাজ (Lekhraj)

লেখরাম (Lekhram)
লোকজিত (Lokjit)
লোকপতি (Lokpati)
লোকপ্রিয় (Lokpriya)
লোকপ্রদীপ (Lokpradip)
লোকবন্ধু (Lokbandhu)
লোকভূষণ (Lokbhushan)
লোকরঞ্জন (Lokranjan)
লোকেশ (Lokesh)
লোকেশ্বর (Lokeshwar)
লোচন (Lochan)
লোহিত (Lohit)
লোহিতাশ্ব (Lohitaswa)
লবকিশোর (Luvkishore)
লবকুমার (Luvkumar)
লাভলীন (Luvleen)

M

মঙ্গল (Mongal)
মকরধ্বজ (Makardhwaj)
মগনলাল (Maganlal)
মানিকলাল (Maniklal)
মোহন (Mohan)
মোহনকান্ত (Mohankant)
মথুরাদাস (Mathuradas)
মদনলাল (Madanlal)
মদনগোপাল (Madangopal)
মদনমোহন (Madanmohan)
মদনেশ (Madenesh)
মধুকর (Madhukar)
মধুর (Madhur)
মধুসূদন (Madhusudan)
মনজিত (Manjit)
মাণিক (Manik)
মণিভদ্র (Manibhadra)
মণিকান্ত (Manikanta)
মণিভূষণ (Manibhushan)
মদনপতি (Madanpati)
মধুলোচন (Madhulochan)
মধু ঘোষ (Madhu Ghosh)
মধুদীপ (Madhudeep)
মধুপ (Madhup)
মধুপতি (Madhupati)
মধুপুষ্প (Madhupushpa)
মধুপ্রিয় (Madhupriya)
মধুনেশ (Madhunesh)
মধুকনাথ (Madhunath)
মনমোহন (Monmohan)
মনোরঞ্জন (Monoranjan)

মনোহর (Manhar)
মণীব (Maneek)
মনিষি (Maneeshi)
মনু (Manu)
মনুজ (Manuj)
মনুজেন্দ্র (Manujendra)
মনুরাজ (Manoraj)
মনোজ (Manoj)
মনোরথ (Manorath)
মনোরাগ (Manorag)
মনোহর (Manohar)
মারীচসূদন
(Marichsudan)
মরুদেব (Marudev)
মলয় (Malay)
মহর্ষি (Maharshi)
মহাকার (Mahakar)
মহাদেব (Mahadev)
মহানন্দ (Mahenanda)
মহেশ (Mahesh)
মহাপদ্ম (Mahapadma)
মহাপ্রভু (Mahaprabhu)
মহাবাহু (Mahabahu)
মহাবীর (Mahavir)

মহাশ্রী (Mahashree)
মহাসেন (Mahasen)
মহিদেব (Mahidev)
মহিসূদন (Mahisudan)
মহিদাস (Mahidas)
মহীধর (Maheedhar)
মহীপ (Maheep)
মহিপাল (Mahipal)
মহীশ (Maheesh)
মহেশ্বর (Maheswar)
মহেন্দ্র (Mahendra)
মহেন্দ্রপ্রতাপ
(Mahendrapratap)
মহেশকুমার (Mahesh Kumar)
মহেশদত্ত (Maheshdutta)
মহেশবন্ধু (Maheshbandhu)
মান্ধাতা (Mandhata)
মাঘ (Magh)
মাঘবান (Maghwan)
মাণিক্যলাল (Manikyalal)
মাতাপ্রসাদ (Mataprasad)
মাধব (Madhav)
মাধবপ্রসাদ
(Madhavprasad)

মাধোরাম (Madhoram)
মাধবীশরণ (Madhabisharan)
মনেন্দ্র (Manendra)
মানসিং (Mansing)
মানব (Manav)
মানস (Manas)
মায়াপতি (Mayapati)
মরীশ (Mareesh)
মারুত (Marut)
মার্কন্ডেয় (Markendeya)
মিত্রদেব (Mitradev)
মিত্রবাহু (Mitrabahu)
মিত্রভানু (Mitrabhanu)
মিত্রবসু (Mitrabasu)
মিত্রবর্ধন (Mitravardhan)
মিত্রাবিন্দ (Mitrabinda)
মিথিলেশ (Mithilesh)
মিথিলেশ্বর (Mithileshwar)
মিহির (Mihir)
মিহিরসেন (Mihirsen)
মুকুন্দ (Mukund)
মুকুন্দকেশব (Mukudkeshev)
মুচকুন্দ (Muchkunda)
মুকুটবিহারী (Mukutbehari)
মুকুল (Mukul)
মুকেশ (Mukesh)
মুক্তামণি (Muktamani)
মুদিত (Mudit)
মুণি (Muni)
মুনীন্দ্র (Muneendra)
মুনিরাজ (Muniraj)
মুনিদেব (Munidev)
মুনিশ্বর (Munishwar)
মুরলীমনোহর (Muralimonohar)
মুরলীধর (Muralidhar)
মুরারী (Murari)
মুরারীলাল (Muralilal)
মৃগলোচন (Mrigalochan)
মৃণাঙ্ক (Mrinank)
মৃণাল (Mrinal)
মৃত্যুঞ্জয় (Mritjunjay)
ময়ঙ্ক (Mayank)
মেঘনাথ (Meghnath)
মেঘদূত (Meghdoot)
মেঘরাজ (Meghraj)
মেঘবান (Meghwan)

মতিলাল (Motilal)
মতিরাম (Motiram)
মোরধ্বজ (Moradhwaj)
মোহন (Mohan)
মোহনীশ (Mohaneesh)
মোহনকুমার (Mohankumar)
মোহনদাস (Mohandas)
মোহিত (Mohit)
মোহক (Mohak)
মঞ্জুল (Manjul)
ময়ূর (Mayur)
ময়ূরধ্বজ (Mayurdhwaj)
N
নন্দন (Nandan)
নন্দলাল (Nandalal)
নন্দক (Nandak)
নন্দকিশোর (Nandakishore)
নন্দকুমার (Nandakumar)
নন্দনন্দন (Nandanandan)
নগেশ (Nagesh)
নগেন্দ্র (Nagendra)
নকুল (Nakul)
নচিকেতা (Nachiketa)
নটনাগর (Natanagar)
নটেশ্বর (Nateshwar)
নটবরলাল (Natwarlal)
নবীন (Naveen)
নমিত (Namit)
নরকেশরী (Narkeshari)
নরদেব (Nardev)
নখরাজ (Nakhraj)
নরবীর (Narvir)
নরসিং (Narsing)
নরহরি (Narahari)
নরেন্দ্রকুমার (Narendrakumar)
নরেন্দ্রনাথ (Narendranath)
নরেশ (Naresh)
নরেশকুমার (Nareshkumar)
নরোত্তম (Narottam)
নর্মদাপ্রসাদ (Narmadaprasad)
নলিনীকান্ত (Nalinikant)
নলিনবিলোচন (Nalinbilochan)
নর্মদেশ্বর (Narmadeshwar)
নবলকিশোর (Navalkishore)
নহুষ (Nahush)

নাগেশ্বর (Nageshwar)
নাগার্জুন (Nagarjun)
নানকদেব (Nanakdev)
নামদেব (Namdev)
নারদ (Narad)
নারায়ণ (Narayan)
নারায়ণদাস (Narayandas)
নারায়ণস্বরূপ
(Narayanswaroop)
নিধেশ (Nidhesh)
নিখিল (Nikhil)
নিমিষ (Nimish)
নির্মিনেষ (Nirminesh)
নিরংকার (Nirankar)
নিরঞ্জন (Niranjan)
নির্মল (Nirmal)
নিশান্তকর (Nishantkar)
নিশাকর (Nishakar)
নিশিত (Nishit)
নিশিথ (Nishith)
নীরজ (Neeraj)
নীরব (Nirab)
নীলকন্ঠ (Neelkantha)
নীরদ (Neerad)
নীলাভ (Neelabh)
নীলাম্বর (Neelambar)
নীলেশ (Neelash)
নরনারায়ণ (Naranarayan)
নেতরাম (Netram)
নেমিনাথ (Neminath)
নিধিরঞ্জন (Nidhiranjan)

(O)

ওংকারনাথ (Onkarnath)
ওমপ্রকাশ (Omprakash)
ওমপাল (Ompal)
ওজস্ববান (Ojaswaban)

(P)

পদ্মকান্ত (Padmakant)
পলাশ (Palash)
পার্থসারথি (Parthasarathi)
পরমেশ্বরদাস
(Parameshwardas)
পরমানন্দ (Paramanand)
পরশুরাম (Parshuram)
পরাগ (Parag)
পরিতোষ (Paritash)
পরিমল (Parimal)
পরিক্ষিত (Parikshit)

পবনকুমার (Pawankumar)
পশুপতিনাথ (Pashupatinath)
পারশ (Paras)
পারশনাথ (Parasnath)
পার্শ্বনাথ (Parshanath)
পারিজাত (Parijat)
পার্বতীনন্দন (Parvatinandan)
পীযূষ (Piyush)
ফাগুন (Phagun)
ফনধর (Phanadhar)
ফণীকর (Phanikar)
ফণীশেখর (Phanisekhar)
ফণীকেসর (Phanikesar)
ফণীচক্র (Phanichakra)
ফণীনাথ (Phaninath)
ফণীপতি (Phanipati)
ফণীন্দ্র (Phanindra)
ফণীন্দ্রনাথ (Phanindranath)
ফণীশ্বর (Phaniswar)
পুন্ডরীক (Pundarik)
পুখরাজ (Pukhraj)
পুরন্দর (Purandar)
পুরু (Puru)
পুরুষোত্তম (Purushattam)
পুরুষোত্তমদাস (Parusattamdas)
পুষ্করনাথ (Pushkarnath)
পুষ্পকেতু (Pushpaketu)
পূর্ণচন্দ্র (Purnachandra)
পূর্ণানন্দ (Purnananda)
পূর্ণেন্দু (Purnendu)
পুষণ (Pushan)
পৃথ্বীনাথ (Prithvinath)
পৃথ্বীরাজ (Prithviraj)
প্রকর্ষক (Prakarshak)
প্রকাশ (Prakash)
প্রকুল (Prakul)
প্রচেতা (Pracheta)
প্রজাপতি (Prajapati)
প্রজেশ (Prajesh)
প্রণব (Pranav)
প্রতাপ (Pratap)
প্রতীক (Pratik)

প্রতোষ (Pratosh)
প্রত্যূষ (Pratyush)
প্রদীপ (Pradeep)
প্রদ্যুম্ন (Pradumna)
প্রফুল্ল (Prafulla)
প্রভাকর (Prabhakar)
প্রভাস (Prabhas)
প্রভুনারায়ণ
(Prabhunarayan)
প্রভুশরণ (Prabhusharan)
প্রভুদাস (Prabhudas)
প্রশান্ত (Prashanta)
প্রমোদ (Pramod)
প্রবীর (Prabir)
প্রবীণ (Praveen)
প্রসূন (Prasun)
প্রসেন (Prasen)
প্রসেনজিত (Prasenjit)
প্রহ্লাদ (Prahlad)
প্রাংশু (Pranshu)
প্রাণনাথ (Prannath)
প্রিয়কান্ত (Priyakant)
প্রিয়দর্শী (Priyadarshi)
প্রিয়রঞ্জন (Priyaranjan)
প্রীতম (Preetam)
প্রাণেশ (Pranesh)
প্রেমনাথ (Premnath)
প্রেমশঙ্কর (Premshankar)
প্রেমপ্রকাশ (Premprakash)

(R)

রঘুবর (Raghuvar)
রঘুপতি (Raghupati)
রঘুনন্দন (Raghunandan)
রঘুনাথ (Raghunath)
রঘুবীর (Raghubir)
রঘুরাজ (Raghuraj)
রজত (Rajat)
রজনীকান্ত (Rajnikant)
রজনীশ (Rajneesh)
রণধীর (Randhir)
রঞ্জন (Ranjan)
রন্তিদেব (Rantidev)
রত্নাকর (Ratnakar)
রমাকান্ত (Ramakant)
রমানাথ (Ramanath)
রমাপতি (Ramapati)

রমেশ (Ramesh)
রবিকান্ত (Rabikant)
রবিকিশোর (Rabikishore)
রবীন্দ্রনাথ (Rabindranath)
রবীশ (Rabeesh)
রবিদাস (Rabidas)
রবিদত্ত (Rabidutta)
রবিপ্রতাপ (Rabipratap)
রসিকবিহারী (Rasikbehari)
রাঘবেন্দ্র (Raghabendra)
রাজপাল (Rajpal)
রাজকিশোর (Rajkishore)
রাজকুমার (Rajkumar)
রাজহংস (Rajhans)
রাজগোপাল (Rajgopal)
রাজা (Raja)
রাজারাম (Rajaram)
রাজেন্দ্র (Rajendra)
রাজেশ (Rajesh)
রাজর্ষি (Rajarshi)
রাজেন্দ্রপ্রতাপ (Rajendrapratap)
রাজেন্দ্রপ্রসাদ (Rajendraprasad)
রাধাকৃষ্ণ (Radhakrishna)
রাধামোহন (Radhamohan)
রাধেলাল (Radhelal)
রাধাবল্লভ (Radhaballav)
রাধেশ্যাম (Radheshyam)
রাম (Ram)
রামকৃষ্ণ (Ramkrishna)
রামগোপাল (Ramgopal)
রামচন্দ্র (Ramchandra)
রামদত্ত (Ramdutta)
রামবিলাস (Rambilas)
রামসনেহী (Ramsanehi)
রামনাথ (Ramnath)
রামনারায়ণ (Ramnarayan)
রামপ্রতাপ (Rampratap)
রামশরণ (Ramsharan)
রামস্বরূপ (Ramswarup)
রামানন্দ (Ramanand)
রামানুজপ্রসাদ (Ramanujprasad)
রামেশ্বর (Rameswar)
ঋষভ (Rishav)
ঋষি (Rishi)
রাসবিহারী (Rasbehari)

রাহুল (Rahul)
রুদ্রদত্ত (Rudradutt)
রূপেন্দ্র (Rupendra)
রূপেশ (Rupesh)
রূপকিশোর (Rupkishore)
রূপনারায়ণ (Rupnarayan)
রেবতীনন্দন (Rebatinandan)
রোহিনীকান্ত (Rohinikant)
রোহিত (Rohit)
রোহিতাশ্ব (Rohitashwa)
রোশনলাল (Roshanlal)
রোহনলাল (Rohanlal)
(S)
সাগর (Sagar)
সঞ্জীবন (Sanjiban)
সংকল্প (Sankalp)
সংগ্রাম (Sangram)
সংগ্রামজিত (Sangramjit)
সঞ্জয় (Sanjay)
সঞ্জীব (Sanjeev)
সন্তপাল (Santpal)
সন্তরাম (Santram)
সন্তোষানন্দ
(Santoshananda)
সন্দীপ (Sandeep)
সদেব (Sadeva)
সম্পূর্ণানন্দ
(Sampoornanand)
সম্ভবেশ (Sambhavesh)
সংসারচন্দ্র
(Sansarchandra)
সনতকুমার (Sanatkumar)
সনাতন (Sanatan)
সনন্দন (Sanandan)
সনক (Sanak)
সচ্চিদানন্দ
(Satchhidanand)
সতানন্দ (Satananda)
সতীশ (Satish)
সত্যপ্রকাশ (Satyaprakash)
সত্যকাম (Satyakam)
সত্যকেতু (Satyaketu)
সত্যজিত (Satyajit)
সত্যদেব (Satyadev)
সত্যপাল (Satyapal)
সতপাল (Satpal)
সত্যানন্দ (Satyananda)
সত্যনিষ্ঠ (Satyanishtha)

সত্যপ্রিয় (Satyapriya)
সত্যব্রত (Satyabrata)
সত্যবান (Satyaban)
সত্যবীর (Satyaveer)
সব্যসাচী (Sabyasachi)
সব্যবাচী (Sabyabachi)
সত্যেন (Satyen)
সদানন্দ (Sadananda)
সদাশিব (Sadashib)
সুতীক্ষ্ন (Sutikshna)
সমরসিং (Samarsing)
সমরবাহাদুর (Samarbahadur)
সমীর (Sameer)
সরীল (Saril)
সলিল (Salil)
সবেশ্বর (Saveshwar)
সুরোচন (Surachan)
সুলোচন (Sulachan)
সুবীর (Subir)
সুদেশ (Sudesh)
সুশর্মা (Susharma)
সুশোভন (Sushavan)
সুশীল (Sushil)
সুশ্রুম (Sushrum)
সুহাস (Suhas)
সূর্যকান্ত (Surjakanta)
সূরজ (Suraj)
সূর্য (Surya)
সূর্যনারায়ণ (Surjanarayan)
সিমরণজিত (Simranjit)
সীতেশ (Sitesh)
সোমকান্ত (Somkanta)
সোমদত্ত (Somdutta)
সোমদেব (Somdev)
সোমপ্রতাপ (Sompratap)
সোমরাজ (Somraj)
সোমসেবক (Somsevak)
সোমেন্দ্র (Somendra)
সোমেশ্বর (Someshwar)
সোহনলাল (Sohanlal)
সৌরভ (Saurav)
শ্যামনন্দন (Shyamnandan)
শ্যামসুন্দর (Shyamsundar)
শঙ্করলাল (Shankarlal)
সর্বেশ (Sarvesh)
সহদেব (Sahadev)
সহিষ্ণুদেব (Sahishnudev)

সারঙ্গপানি (Sarangpani)
সিদ্ধনাথ (Siddhanath)
সিদ্ধার্থ (Siddarth)
সিদ্ধেশ্বর (Siddeshwar)
সুন্দরলাল (Sundarlal)
সীতারাম (Sitaram)
সুশান্ত (Sushant)
সুরেশ (Suresh)
সুরেশ্বরনাথ
(Sureshwarnath)
সুখবন্ত (Sukhwant)
সুঘোষ (Sughosh)
সুদর্শন (Sudarshan)
সুদামা (Sudama)
সুধাংশু (Sudhanshu)
সুধাকর (Sudhakar)
সুভগসেন (Subhagsen)
সূর্যভানু (Surjabhanu)
সুখময় (Sukhmoy)
সুভাষ (Subhas)
সুমন্ত্র (Sumantra)
সুমন্ত (Sumanta)
সুরজিত (Surajit)
সুরেন্দ্র (Surendra)
শংকরদেব (Shankardev)
শঙ্খধর (Sankhadhar)
শম্ভুনাথ (Shambhunath)
শঙ্খী (Sankhi)
শক্তিধর (Shaktidhar)
শতকীর্তি (Shatakirti)
শতানন্দ (Shatananda)
শত্রুঘ্ন (Shatrughna)
শত্রুঞ্জয় (Shatrunjay)
শরৎচন্দ্র (Sharatchandra)
শরদেন্দু (Sharadendu)
শলভ (Shalav)
শশাঙ্ক (Shashanka)
শশী (Shashi)
শচীন্দ্র (Shachindra)
শশীভূষণ (Shashibhushan)
শান্তনু (Shantanu)
শান্তিনাথ (Shantinath)
শান্তিস্বরূপ
(Shantiswaroop)

সারদাচরণ
(Saradacharan)
শিরীশ (Shirish)
শিবমঙ্গল (Shivmangal)
শিবকুমার (Shivkumar)
শিবদত্ত (Shivdutta)
শিবাজী (Shivaji)
সুনীল (Sunil)
সুধীর (Sudhir)
সুচীর (Suchir)
শিখর (Sikhar)
শেখর (Sekhar)
শেষধর (Sheshdhar)
শৈলনাথ (Shailanath)
শোভারাম (Shovaram)
শ্রবণকুমার
(Shravankumar)
শ্রীকান্ত (Shrikant)
শ্রীকৃষ্ণ (Shrikrishna)
শ্রীধর (Shridhar)
শ্রীনাথ (Shrinath)
শ্রীস্বামী (Shriswami)
শ্রীপতি (Shrerpati)
শ্রীপ্রকাশ (Shreeprakash)
শ্রীরাম (Shreeram)
শ্রীশ (Shreesh)
শ্বেতাংশু (Swetanshu)
স্বয়ংপ্রকাশ
(Swayamprakash)
স্বামীনাথ (Swaminath)
স্বামীপ্রসাদ (Swamiprasad)
(T)
তথাগত (Tathagat)
তনসুখ (Tansukh)
তনু (Tanu)
তপেশ (Tapesh)
তরণীতারণ (Taranitaran)
তরুণকান্ত (Tarunkant)
তপেশ্বর (Tapeshwar)
তপীশ (Tapish)
তারকনাথ (Taraknath)
তারকেশ্বর (Tarakeshwar)
তারাদত্ত (Taradutta)
তারানাথ (Taranath)

তিলক (Tilak)
তিলকরাজ (Tilakraj)
তীর্থংকর (Thirthankar)
তীর্থংকরদাস
(Tirthankardas)
তুলসীদাস (Tulsidas)
তুলারাম (Tularam)
তুষারকান্তি (Tusharkanti)
তেজসিং (Tejsing)
তেজবন্ত (Tejwant)
তেজপাল (Tejpal)
তেজপ্রতাপ (Tejpratap)
তেজেশ্বর (Tejeshwar)
ত্রিপুরারী (Tripurari)
ত্রিভুবন (Tribhuvan)
ত্রিলোকীনাথ (Trilokinath)
তিলোকনারায়ণ
(Triloknarayan)
তিকারাম(Tikaram)
তীর্থরাম (Tirtharam)
(U)
উগ্রসেন (Ugrasen)
উজাগরলাল (Ujagarlal)
উৎপল (Utpal)
উৎসব (Ustav)
উদয়ভানু (Udaybhanu)
উদয়ণ (Udayan)
উপমন্যু (Upamanyu)
উপেন্দ্র (Upendra)
উপাকান্ত (Umakanta)
উমাশংকর (Umashankar)
উল্লাস (Ullas)
উষাপতি (Ushapati)
উশেষ (Ushesh)
উর্বেশ (Urvesh)
উত্তম (Uttam)
উদাত্ত (Udatta)
(V)
বজ্রপাণি (Vajrapani)
বনরাজ (Vanraj)
বনবিহারী (Vanbihari)
বনেশ (Vanesh)
বরুণ (Varun)
বল্লভ (Vallabh)
বসন্ত (Vasant)
বশিষ্ঠ (Vashistha)
বসু (Vasu)
বাসুদেব (Vasudav)

বাগীশ (Vagish)
বিকাশ (Vikash)
বিক্রান্ত (Vikrant)
বিক্রম (Vikram)
বিক্রমজিত (Vikramjit)
বিজয়ন্ত (Vijayant)
বিজয় (Vijay)
বিজয়ানন্দ (Vijayananda)
বিজয়েশ (Vijayesh)
বিদ্যাধর (Vidyadhar)
বিদ্যাভাস্কর (Vidyabhaskar)
বিদ্যাভূষণ (Vidyabhushan)
বিদ্যাচরণ (Vidyacharan)
বিনয় (Vinoy)
বিনয়মোহন (Vinoymohan)
বিনীত (Vineet)
বিনায়ক (Vinayak)
বিপিন (Vipin)
বিপিনবিহারী (Vipinbehari)
বিভাকর (Vibhakar)
বিভু (Vibhu)
বিমল (Vimal)
বিমলবোধ (Vimalbodh)
বিরাট (Virat)
বিলাস (Vilas)
বিলোচন (Vilochan)
বিবেক (Vibek)
বিবেকানন্দ (Vibekanand)
বিশাল (Vishal)
বিশ্বম্ভরনাথ (Vishambharnath)
বিশ্বজিত (Viswajit)
বিশ্বমোহন (Viswamohan)
বিশ্বামিত্র (Vishwamitra)
বিশ্বাস (Vishwas)
বিষ্ণুদাস (Vishnudas)
বিশ্বেশ (Vishwesh)
বীরপাল (Virpal)
বীরসিং (Virsing)
বীরভদ্র (Virbhadra)
বীরেন্দ্র (Virendra)
বীরেশ (Viresh)
বৃন্দাবনলাল (Vrindabanlal)
বৃন্দাবনবিহারী (Vrindabanbehari)
বৃষকেতু (Vrishaketu)
বৃষ (Vrishan)

বিশ্বভানু (Vrishbhanu)
বৃষল (Vrishal)
বৃহস্পতি (Vrihaspati)
বেণুগোপাল (Venugopal)
বিজয়ন্ত (Vaijayant)
ব্রিজেশ্বর (Vrijeshwar)
বিরিজানন্দ (Virijananda)

(W)

বাহলীক (Wahleek)
বাহেগুরু (Wahaguru)
বাগীশ (Wageesh)
বাগীশ্বর (Wageeshwar)

(Y)

যজুষ্পতি (Yajushpati)
যজ্ঞদত্ত (Yagyadutta)
যজ্ঞমূর্তি (Yagyamurti)
যতী (Yati)
যতীশ (Yateesh)
যদুবীর (Yaduveer)
যদুনন্দন (Yadunandan)
যমেশ্বর (Yameshwar)
যজ্ঞেশ (Yagyesh)
যমুনা (Yamuna)
যমুনাদাস (Yamunadas)
যমুনা প্রসাদ (Yamunaprasad)
যমুনাপতি (Yamunapati)
যযাতি (Yayati)
যশ (Yash)
যশপাল (Yashpal)
যশোদানন্দন (Yashodanandan)
যশোধন (Yashodhan)
যশোধর (Yoshodhar)
যাজুশ (Yaajush)
যাজ্ঞবল্ক (Yaagyavalkya)
যাজবেন্দ্র (Yadavendra)
যাদবেশ (Yadabesh)
যামীর (Yameer)
যুগেশ (Yugesh)
যুধিষ্ঠির (Yudhishthir)
যুধামন্যু (Yudhamanyu)
যুবরাজ (Yubraj)
যোগনাথ (Yoganath)
যোগীরাজ (Yogiraj)
যোগীরাজেশ্বর (Yogirajeshwar)
যোগাম্বর (Yagambar)

যোগীন্দ্র (Yogendra)
যোগীনাথ (Yoginath)
যোগীশ (Yageesh)
যোগীশ্বর (Yogeeshwar)
যোগেন্দ্র (Yogendra)
যোগেশ (Yogesh)
যোগী (Yogi)
যোগক্ষেম (Yogakshem)
যতীশ (Yateesh)
যতীশ্বর (Yateeshwar)
যুযুৎস (Yugutsa)
যুদ্ধবীর সিং
(Yudhaveersing)
যুধাজিত (Yadhajit)
যুধামন্যু (Yudhamanyu)
যুবেন্দ্র (Yuvendra)
যুবীশ (Yuveesh)
যুবনাশ্ব (Yuvnashwa)
যোগ্য (Yogya)
যুবনীশ (Yuvneesh)
যুগান্তর (Yugantar)
যুগদর্শক (Yugadarshak)
যুগদর্শী (Yugadarshi)
যুগেশ (Yugesh)
যুগশ্রেষ্ঠ (Yugashreshtha)
যুগবীর (Yugaveer)
যুগবর্ধন (Yugabardhan)
যশোবর্ধন (Yoshabardhan)
যশোবর্মা (Yoshaverma)
যথেষ্ঠ (Yatheshtha)
যশঃজয় (Yashakaya)
যশপ্রাণ (Yashopran)
যুবসেন (Yuvasen)
যুযুধান (Yujudhan)

(ii) মেয়েদের নাম

(A)
আশা (Asha)
আভা (Aabha)
আরতি (Aarti)
আকাংখা (Aakanccha)
আকূতি (Aakooti)
আনন্দী (Aanandi)
আস্থা (Aashtha)
আর্যা (Aarya)
আদ্রা (Aadra)
আসক্তি (Aassakti)
অস্হি (Aasti)
অচলা (Achala)
অঞ্চলা (Anchala)
অঞ্জনা (Anjana)
অঞ্জনি (Anjani)
অম্বা (Amba)
অম্বিকা (Ambika)
অম্বালিকা (Ambalika)
আকাশকুসুম (Aakaashkusum)
আনন্দময়ী (Aanandamayee)
আশ্বনি (Aashwani)
অঙ্কপালিকা (Ankapalika)
অঙ্কপালী (Ankapali)
অঙ্কিকা (Ankika)
অঙ্কুশ (Ankusha)
অঙ্গজা (Angaja)
অঙ্গনা (Angana)
অঙ্গারমতি (Angaarmati)
আঙ্গুরী (Angoori)
অঞ্জলা (Anjala)
অঞ্জলি (Anjali)
অম্বুজা (Ambuja)
অম্ভোজিনী (Ambhojini)
অংশুপর্ণী (Anshuparni)
অংশুমতি (Anshumati)
অংশুমালা (Anshamala)
অকুলা (Akula)
অজমালা (Ajmala)
অক্ষয়া (Akshaya)
অকূতি (Akuti)
অজগন্ধা (Ajagandha)
অজয়া (Ajaya)

অজয়া (Ajaya)
অজম্বিকা (Ajambika)
অজা (Aja)
অজিতা (Ajita)
অণিমা (Anima)
অদিতি (Aditi)
অনঙ্গদেবী (Anangadevi)
অনন্তা (Anantaa)
অনলপ্রভা (Analprabha)
অমলা (Amalaa)
অনুসূয়া (Anusooya)
অনামিকা (Anaamika)
অনু (Anu)
অনুকলা (Anukala)
অনুকাংখা (Anukanksha)
অনুগীতি (Anugeeti)
অনুজা (Anuja)
অনুগ্যা (Anugya)
অনুপমা (Anupama)
অনুভূতি (Anubhuti)
অনুমতি (Anulata)
অনুরাধা (Anuradha)
অনুলতা (Anulata)
অন্নপূর্ণা (Annapurna)
অনুপা (Anoopa)
অপর্ণা (Aparna)
অপরা (Apara)
অপরাজিতা (Aparaajita)
অপারা (Apaara)
অপালা (Apaala)
অপেক্ষা (Apeksha)
অপ্সরা (Apsara)
অভয়া (Abhayaa)
অভিজ্ঞা (Abhigya)
অভিধা (Abhidha)
অভিপ্রীতি (Abhipreeti)
অভিরুচি (Abhiruchi)
অভিলাষা (Abhilaasha)
অভিসারিকা (Abhisaarika)
অভিষ্টা (Abheeshta)
অমরা (Amara)
অমরাবতী (Amaravati)
অমরী (Amari)
অমলতা (Amalata)
অমলা (Amala)
অমলাপ্রভা (Amalaprabha)
অমলা (Amala)
অমিতা (Amitaa)

অমৃতারঞ্জিনী (Amritaranjini)
অমৃতমালিনী (Amritamalini)
অমৃতারশ্মি (Amritarashmi)
অমৃতলতা (Amritalata)
অমৃতা (Amrita)
অরণি (Aroni)
অরণিকা (Aranika)
অরবিন্দনী (Arabindani)
আরাধনা (Aaradhana)
অরুন্ধতী (Arundhati)
অরুণপ্রিয়া (Arunpriya)
অরুণা (Aruna)
অরুণিমা (Arunima)
অরুণি (Aruni)
অর্চনা (Archana)
অর্বি (Arbi)
অর্চি (Archi)
অর্চিনী (Archini)
অর্জুনি (Arjuni)
অর্ণা (Arna)
অলকা (Alaka)
অলকানন্দা (Alkananda)
অলকপ্রিয়া (Alokpriya)
আল্পনা (Alpana)
অবন্তী (Avanti)
অবন্তিকা (Avantika)
অবনি (Avani)
অবনী (Avanee)
অবধা (Avadha)
অরিষা (Arisha)
অবিষি (Avishi)
অশ্বগন্ধা (Ashwagandha)
অশ্বিনী (Ashwini)
অসিতা (Asitaa)
অহল্যা (Ahalya)
অশোকমঞ্জরী (Ashokemanjari)
অশোকা (Ashoka)
অর্বাচিনী (Arvachini)
অযুগ্মা (Ayugma)

(B)

বালা (Bala)
বরখা (Barkha)
বাসন্তী (Basanti)
বিন্দাদেবী (Bindadevi)
বিন্দু (Bindu)
বুদ্ধি (Buddhi)
বেলা (Bela)

বীণা (Bina)
ব্রহ্মবাদিনী
(Brahmavaadini)
ভক্তি (Bhakti)
ভাগবন্তী (Bhagwanti)
ভদ্রাবতী (Bhadrawati)
ভবদা (Bhavadaa)
ভবাণী (Bhawani)
ভাগ্যবতী (Bhagyavati)
ভানুকিরণ (Bhanukiran)
ভানুজ্যা (Bhanujya)
ভানুমতি (Bhanumati)
ভামনি (Bhamani)
ভামা (Bhama)
ভামিনী (Bhamini)
ভারবি (Bharavi)
ভারবী (Bharavee)
ভার্গবী (Bhargavi)
ভালচন্দ্রা (Bhalchandra)
ভাবনা (Bhavna)
ভাবিনী (Bhavini)
ভাষা (Bhasha)
ভাস্বিতী (Bhaswiti)
ভুবনেশী (Bhuvaneshi)
ভীমা (Bheema)
ভূমা (Bhuma)
ভুবনেশ্বরী (Bhuvanashwari)
ভূবি (Bhuvi)
ভূতি (Bhuti)
ভূপালী (Bhoopali)
ভূমিকা (Bhoomika)
ভূমিজা (Bhoomika)
ভূমিলতা (Bhoomilata)
ভৃগুলতা (Bhrigulata)
ভৈরবী (Bhairavi)
ভোগবতী (Bhogwati)
ভোলি (Bholi)
ভীমবতী (Bheemvati)
ভৌমী (Bhaumi)
ভৌমিকা (Bhaumika)
ভ্রমরবল্লী (Bhramaravalli)
ভ্রমরী (Bhraamari)
ভদ্রিকা (Bhadrika)
ভুবনমোহিনী
(Bhuvanmohini)
ভূমেশ্বরী (Bhoomeshwari)
ভূযশা (Bhooyasha)
চন্দ্রভূতি (Chandrabhuti)

(C)

চঞ্চলা (Chanchala)
চন্দ্রিকা (Chandrika)
চঞ্চরী (Chanchari)
চন্ডিকা (Chandika)
চন্দনমালা (Chandanmala)
চন্দনলতা (Chandanlata)
চন্দা (Chanda)
চন্দাবতী (Chandavati)
চাঁদনী (Chandni)
চন্দ্রকলা (Chandrakala)
চন্দ্রকান্তা (Chandrakanta)
চন্দ্রকান্তি (Chandrakanti)
চন্দ্রকিরণ (Chandrakiran)
চন্দ্রিকী (Chandriki)
চন্দ্রকুমারী (Chandrakumari)
চন্দ্রজ্যোতি (Chandrajyoti)
চন্দ্রপর্ণী (Chandraparni)
চন্দ্রপুষ্পা (Chandrapushpa)
চন্দ্রপ্রভা (Chandraprava)
চন্দ্রবালা (Chandrabala)
চন্দ্রিমা (Chandrima)
চন্দ্রমনি (Chandramani)
চন্দ্রমালা (Chandramala)
চন্দ্রমুখী (Chandramukhi)
চন্দ্ররেখা (Chandrarekha)
চন্দ্রলেখা (Chandralekha)
চন্দ্রবল্লরী (Chandravallari)
চন্দ্রবল্লভা (Chandravallabha)
চন্দ্রবালা (Chandrabala)
চন্দ্রহাসা (Chandrahasa)
চন্দ্রা (Chandra)
চন্দ্রাবতী (Chandrawati)
চন্দ্রাবলী (Chandrawali)
চম্পকমালা (Champakmala)
চম্পা (Champa)
চম্পাকলী (Champakali)
চম্পাবতী (Champavati)
চক্রদন্তী (Chakradanti)
চতুষ্করণী (Chatushkarni)
চপলা (Chapala)
চুমকী (Chumki)
চামেলী (Chameli)

চরিত্রা (Charitra)
চর্চা (Charcha)
চাঁদবালা (Chandbala)
চান্দ্রী (Chandri)
চারিনী (Charini)
চারু (Charu)
চারুধরা (Charudhara)
চারুমিত্রা (Charumitra)
চারুলতা (Charulata)
চিত্রকলা (Chitrakala)
চিত্রদেবী (Chitradevi)
চিত্রপ্রদা (Chitraprada)
চিত্রপর্ণা (Chitraparna)
চিত্রপর্ণী (Chitraparni)
চিত্রমুখী (Chitramukhi)
চিত্ররেখা (Chitrarekha)
চারুলতা (Charulata)
চিত্রলোচনা (Chitralochana)
চিত্রবল্লী (Chitravalli)
চিত্রবঙ্গী (Chitranji)
চিত্রাগন্ধা (Chitragandha)
চিত্রাবসু (Chitrabashu)
চিত্রাণী (Chitrani)
চুন্নী (Chunni)
চেতকী (Chetaki)
চেতনা (Chetna)
চিতি (Chiti)
চৈতালী (Chaitali)
চিত্রহারিণী (Chitraharini)
চারুচিত্রা (Charuchitra)
চারুকেশী (Charukeshi)
চতুরা (Chatura)

(D)

দময়ন্তী (Damayanti)
দয়া (Daya)
দয়াবতী (Dayawati)
দামিনী (Damini)
দন্ডগৌরী (Dandagauri)
দক্ষকন্যা (Dakshakanya)
দনু (Danu)
দক্ষী (Dakshee)
দিগাম্বরী (Digambari)
দিগ্যাজা (Digajya)
দিতি (Diti)
দিবিতা (Diwita)
দিব্যপুষ্পা (Divyapushpa)
দিব্যলতা (Divyalata)
দিব্যসরিতা (Divyasarita)

দিব্যাঙ্গনা (Divyangana)
দিব্যা (Divya)
দিশা (Disha)
দীক্ষা (Deeksha)
দীতি (Deeti)
দিক্ষিতা (Dikshita)
দীপকলা (Deepkala)
দীপালিকা (Deepalika)
দীপমালা (Deepmala)
দীপমালিকা (Deepmalika)
দীপাবলী (Deepawali)
দীপালী (Deepali)
দীপবতী (Deepwati)
দীপাক্ষী (Deepakshi)
দীপিকা (Deepika)
দীপ্তি (Deepti)
দীপ্তা (Deepta)
দীর্ঘা (Deergha)
দ্যুতি(Dyuti)
দুর্গা (Durga)
দুর্গাবতী (Durgawati)
দুর্জরা (Durjara)
দুর্গেশনন্দিনী
(Durgeshnandini)
দুলারী (Dulari)
দৃষ্টি (Drishti)
দেবকন্যা (Devkanya)
দেবকালী (Devkali)
দেবকিরি (Devkiri)
দেবকী (Devaki)
দেবগন্ধা (Devgandha)
দেবগণিকা (Devganika)
দেবগন্ধিনী (Devgandhini)
দেবযানী (Devjani)
দেবপ্রিয়া (Devpriya)
দেবমায়া (Devmaya)
দেবমিত্রা (Devmitra)
দেবযামী (Devjami)
দেবলী (Devali)
দেবলতা (Devlata)
দেববতী (Devwati)
দেববধু(Devbadhu)
দেববর্ণী (Devvarni)
দেবশ্রী (Devashree)
দেবসরিতা (Devsarita)
দেবসেমা (Devsema)
দেবহুতি (Devhuti)
দেবাঙ্গনা (Devangana)

দেবিকা (Devika)
দেবী (Devi)
দেবেশী (Deveshi)
দ্যুতি (Dyuti)
দেবয়ন্তী (Devwanti)
দ্রুপদা (Drupada)
দ্রুমিলা (Drumila)
দ্রোণী (Droni)
দ্রৌপদী (Draupadi)
দ্বারিকাদেবী (Dwarikadevi)
দ্বিজপ্রিয়া (Dwijapriya)
দুঃশলা (Dusshala)
দুহিতা (Duhita)
দুবাষী (Duvashee)

(E)

একতা (Ekata)
একদর্শিনী (Ekadarshini)
এলা (Ela)
এলোরা (Elora)
ইরাবতী (Eirawati)
ঐশ্বর্যবতী (Eishwaryawati)
একপর্নী (Ekparni)
একাদশী (Ekadashi)

(G)

গংগা (Ganga)
গংগোত্তরি (Gangottari)
গংগাতারিণী (Gangatarini)
গন্ধপর্নী (Gandhaparni)
গন্ধপুষ্পা (Gandhapushpa)
গন্ধমালতী (Gandhamalati)
গন্ধমোহিনী (Gandhamohini)
গন্ধলতা (Gandhalata)
গান্ধর্বী (Gandharvi)
গান্ধর্বী (Gandharvi)
গন্ধা (Gandha)
গন্ধপুষ্পী (Gandhapushpi)
গন্ধহারিনী (Gandhaharini)
গজমণি (Gajamani)
গজরা (Gajara)
গণনা (Ganana)
গরিমা (Garima)
গায়ত্রী (Gayatri)
গংগেয়ী (Gangeyi)
গাথা (Gatha)
গার্গী (Gargi)
গিরিজা (Girija)

গিরিনন্দিনী (Girinandini)
গিরিশালিনী (Girishalini)
গীতা (Geeta)
গীতাবলী (Geetawali)
গীতি (Geeti)
গীতিকা (Geetika)
গীরাদেবী (Geeradevi)
গুঞ্জা (Gunja)
গুঞ্জন (Gunjan)
গুণবতী (Gunawati)
গোদাবরী (Godavari)
গোপালী (Gopali)
গোপালিকা (Gopalika)
গোপিকা (Gopika)
গোপী (Gopi)
গোমতী (Gomti)
গৌতমী (Goutami)
গৌরা (Goura)
গৌরী (Gouri)
গুণবন্তী (Gunawanti)
জ্ঞানপ্রদা (Gyanprada)
জ্ঞানেশ্বরী (Gyaneshwari)

(H)

হংসমালা (Hansmala)
হংসপদী (Hanshapadi)
হরিতা (Harita)
হরিদ্রা (Haridra)
হরিপ্রিয়া (Haripriya)
হীরা (Heera)
হরিবতী (Heerawati)
হীরাদেবী (Heeradevi)
হেম (Hem)
হেমকান্তা (Hemkanta)
হেমকান্তি (Hemkanti)
হেমপুষ্পী (Hempushpi)
হেমপ্রভা (Hemprabha)
হেমমালা (Hemmala)
হেমলতা (Hemlata)
হেমবতী (Hemwati)
হেমশিখা (Hemshikha)
হেমসুতা (Hemsuta)
হেমা (Hema)
হোমি (Homi)
হর্ষা (Harsha)
হৃদয়েশ্বরী (Hridaeshwari)
হিরণ্যাঙ্গী (Hiranyaangi)
হিরণ্যবর্ণী (Hiranyavarni)
হংসধ্বনি (Hansadhawani)

(I)
ইংগলা (Ingala)
ইন্দিরা (Indira)
ইন্দ্রমোহিনী (Indramohini)
ইন্দুকলা (Indukala)
ইন্দুজা (Induja)
ইন্দুপ্রভা (Induprabha)
ইন্দুবন্দনা (Induvandana)
ইন্দ্রাণী (Indrani)
ইচ্ছা (Iccha)
ইলা (Ila)
ইরা (Ira)
ঈশা (Isha)
ঈশ্বরী (Ishwari)
ঈশবতী (Ishwati)
ঈশানদেবী (Ishandevi)
ঈশপ্রিয়া (Ishpriya)
ঈশাত্মা (Ishatma)
ঈশিতা (Ishita)
ইরাবতী (Iravati)
ইন্দ্রবন্ধু (Indrabondhu)
ইন্দ্রবল্লী (Indravalli)
ইন্দ্রবল্লভা (Indraballava)
ইন্দ্রাণী (Indrani)

(J)
জামবতী (Jamvati)
জগতী (Jagati)
জগদম্বা (Jugadamba)
জগদম্বিকা (Jagadambika)
জগদীশ্বরী (Jagadishwari)
জগবতী (Jagawati)
জনকনন্দিনী (Janaknandini)
জনকসূতা (Janaksuta)
জয়ন্তী (Jayanti)
জয়প্রভা (Jayaprabha)
জয়াপ্রদা (Jayaprada)
জয়া (Jaya)
জয়েতী (Jayeti)
জাগৃতি (Jagriti)
জানকী (Janaki)
জিজ্ঞাসা (Jigyasa)
জুহী (Juhi)
জ্বালাদেবী (Jwaladevi)
জ্যোতি (Jyoti)
জ্যোতিশিখা (Jyotishikha)
জ্যোৎস্না (Jyotsna)

(K)
কাঞ্চন (Kanchan)

কাঞ্চনপ্রভা (Kanchanprabha)
কাঞ্চনলতা (Kanchanlata)
কন্দলী (Kandali)
কম্বরী (Kambari)
কাজল (Kajal)
কাজলী (Kajali)
কণিকা (Kanika)
কনককুসুম (Kanakkusum)
কনকপ্রভা (Kanakprava)
কপিলা (Kapila)
কমলা (Kamala)
কমণীয় (Kamaniya)
কমলিনী (Kamalini)
করুণা (Karuna)
কনকপ্রিয়া (Kanakpriya)
কর্ণলতা (Karnalata)
কলা (Kala)
কলাবতী (Kalabati)
কল্পিনী (Kalpini)
কালিকা (Kalika)
কলিকা (Kalika)
কালী (Kali)
কল্পনা (Kalpana)
কল্যাণী (Kalyani)
কবিতা (Kavita)
কস্তুরী (Kasturi)
কান্তা (Kanta)
কান্তি (Kanti)
কান্তিপ্রভা (Kantiprabha)
কাদম্বরী (Kadambari)
কামনা (Kaamana)
কামিনী (Kamini)
কামাক্ষী (Kamakshi)
কামেশ্বরী (Kameshwari)
কালীদেবী (Kalidevi)
কাবেরী (Kaveri)
কাশিকা (Kashika)
কিরণ (Kiran)
কিরণবালা (Kiranbala)
কিশোরী (Kishori)
কীর্তি (Kirti)
কীর্তিবালা (Kirtibala)
কুন্তী (Kunti)
কুমারী (Kumari)
কুজা (Kuja)
কুমারিকা (Kumarika)

কুমুদ (Kumud)

কুমোদিনী (Kumadini)

কুমোদ (Kumod)

কুলবন্তী (Kulwanti)

কুসুম (Kusum)

কুসুমলতা (Kusumlata)

কুসুমাঞ্জলি (Kusumanjali)

কৃত্তিকা (Krittika)

কৃষ্ণকান্তা (Krishnakanta)

কৃশোদরী (Krishodari)

কৃষ্ণকলি (Krishnakali)

কৃষ্ণা (Krishna)

কেতকী (Ketaki)

কেতুমতী (Kethumati)

কেসর (Kesar)

কৈকেয়ী (Kaikeyi)

কোকিলা (Kokila)

কৌমুদী (Koumadi)

কৌশল্যা (Koushalya)

ক্ষণিকা (Kshanika)

ক্ষমা (Kshma)

ক্ষিতি (Kshiti)

ক্ষীরজা (Ksheeraja)

ক্ষুভা (Kshubha)

(L)

লক্ষ্মী (Lakshmi)

লখিমা (Laghima)

লজ্জা (Lajja)

লতা (Lata)

লতিকা (Latika)

লুব্ধা (Lubdha)

লুব্ধি (Lubdhi)

ললিতা (Lalita)

লালী (Lali)

লাবণ্যময়ী (Labanyamayee)

লাজবন্তী (Lajwanti)

লাজো (Lajo)

লীলা (Leela)

লীলাবতী (Leelavati)

লোমা (Loma)

লোহিনী (Lohini)

লুম্বিনী (Lumbini)

(M)

মংগলা (Mangala)

মঞ্জরী (Manjari)

মঞ্জু (Manju)

মঞ্জুবালা (Manjubala)

মঞ্জুলা (Manjula)

মঞ্জুলতা (Manjulata)
মঞ্জুষা (Manjusha)
মদয়ন্তী (Mandayanti)
মন্দোদরী (Mandadari)
মনসা (Mansa)
মণি (Moni)
মণিকা (Monika)
মণিপ্রভা (Moniprabha)
মণিমালা (Monimala)
মতি (Moti)
মদনরেখা (Madanrekha)
মদনমালিনী (Madanmalini)
মদনমোহিনী (Madanmohini)
মদনা (Madana)
মদোয়ন্তী (Madoyanti)
মদনলেখা (Madanlekha)
মধু (Madhu)
মধুজা (Madhuja)
মধুপালিকা (Madhupalika)
মধুপুষ্পা (Madhupushpa)
মধুমতী (Madhumati)
মধুমাধবী (Madhumadhvi)
মধুমালতী (Madhumalati)
মধুরিকা (Madhurika)
মধুরিমা (Madhurima)
মধুলিকা (Madhulika)
মধুবালা (Madhubala)
মধুলি (Madhuli)
মধুশ্রী (Madhushree)
মধুলিক (Madhulik)
মধ্যমা (Madhyama)
মধ্যা (Madhya)
মনসাদেবী (Mansadevi)
মনীষা (Maneesha)
মধুশিখা (Madhushikha
মনকা (Manaka)
মনোরমা (Manorama)
মানবতী (Manwati)
মনোহারী (Manohari)
মমতা (Mamta)
ময়ূরী (Mayuri)
মারীচিকা (Mareechika)
মারিচী (Mareechi)
মারীনা (Mareena)
মর্যাদা (Maryada)
মল্লিকা (Mallika)
মহাকান্তা (Mahakanta)
মহাকালী (Mohakali)

মাধবী (Madhavi)
মহানন্দা (Mahananda)
মহাপ্রভা (Mahaprabha)
মহাভদ্রা (Mahabhadra)
মহামায়া (Mahamaya)
মহামালিনী (Mahamalini)
মহাবিদ্যা (Mahavidya)
মহাবীর্যা (Mahaveerja)
মহাশ্রী (Mahashree)
মহাশ্বেতা (Mahashweta)
মহানন্দিনী (Mahanandini)
মহিমা (Mahima)
মহিষী (Mahishi)
মহী (Mahee)
মহেন্দ্রী (Mahendree)
মহেশী (Maheshi)
মহেশ্বরী (Maheshwari)
মান্ডবী (Mandvi)
মাঘবতী (Maghwati)
মাতঙ্গী (Matangi)
মদ্রী (Madri)
মাধবিকা (Madhavika)
মাধবী (Madhvi)
মাধুরী (Madhuri)
মানবতা (Manavta)
মানবী (Manabi)
মানসা (Mansa)
মায়া (Maya)
মালতী (Malati)
মালা (Mala)
মালিকা (Malika)
মালিনী (Malini)
মিত্রা (Mitra)
মিথিলেশী (Mithileshi)
মীনা (Meena)
মীনাক্ষী (Meenakshi)
মীরা (Meera)
মুক্তা (Mukta)
মুক্তি (Mukti)
মুদ্রা (Mudra)
মুদ্রিকা (Mudrika)
মুমুক্ষা (Mumooksha)
মূর্তি (Murti)
মৃগনয়নী (Mrignayani)
মৃগাক্ষী (Mrigakshi)
মৃগনলিনী (Mrignalini)
মৃদুলা (Mridula)
মেরুদেবী (Merudevi)

মৈথিলী (Maithili)
মোহিনী (Mohini)
মেঘনা (Meghna)
ময়ূরী (Mayuri)
(N)
নন্দিনী (Nandini)
নন্দনন্দিনী (Nandanandini)
নন্দা (Nanda)
নন্দিকা (Nandika)
নকুলা (Nakula)
নগনন্দিনী (Naganandini)
নগী (Nagi)
নয়নতারা (Nayantara)
নয়ম (Nayam)
নর্মদা (Narmada)
নবধা (Navadha)
নবনিধি (Navnidhi)
নবনী (Navani)
নাগমতী (Nagmati)
নারায়ণী (Narayani)
নালন্দা (Nalanda)
নিত্যা (Nitya)
নিধি (Nidhi)
নিয়তি (Niyati)
নিরুপমা (Nirupama)
নিবেদিতা (Nivedita)
নিশা (Nisha)
নিশি (Nishi)
নিশ্চলা (Nishchala)
নিষ্ঠা (Nistha)
নীতি (Neeti)
নীরজা (Neeraja)
নীরা (Neera)
নীলজা (Neelaja)
নীলম (Neelam)
নীলাম্বরী (Neelambari)
নীলিমা (Neelima)
নীহারিকা (Neeharika)
(O)
ওমবতী (Omvati)
ওজস্বিনী (Ojaswini)
ওজবতী (Ojavati)
(P)
পদ্মপ্রিয়া (Padmapriya)
পদ্মাবতী (Padmavati)
পদ্মিনী (Padmini)
পরমেশ্বরী (Parameshwari)
পরা (Paraa)

পরিজ্ঞা (Parigya)
পর্ণিনী (Parnini)
পলভা (Palabha)
পল্লবী (Pallavi)
পবিত্রা (Pavitra)
পাঞ্চালী (Panchali)
পার্বতী (Parvati)
ফণীলতা (Phanilata)
ফলোত্তমা (Phalottama)
ফাল্গুনী (Phalguni)
পূণ্যা (Punya)
পূতলী (Putali)
পূণ্যতোয়া (Punyatoya)
পূণীতা (Punita)
পরিণীতা (Parinita)
পুলোমা (Pulama)
পুষ্পা (Pushpa)
পূজা (Pooja)
পূর্ণিমা (Poornima)
পূষা (Poosha)
পূর্তি (Poorti)
প্রথা (Pratha)
পৃথ্বী (Prithvi)
পেশলতা (Peshlata)
পৌরবী (Pauravi)
প্রকালী (Prakali)
প্রকাশবতী (Prakashvati)
প্রকৃতি (Prakriti)
প্রগতি (Pragati)
প্রগিতিকা (Prajitika)
প্রজ্ঞা (Pragya)
প্রতা (Prataa)
প্রতিজ্ঞা (Pratigya)
প্রতিভা (Prativa)
প্রতিমা (Pratima)
প্রতিমেয়া (Pratimeya)
প্রতিষ্ঠা (Pratishtha)
প্রতিচী (Pratichi)
প্রদীপিকা (Pradeepika)
প্রদীপ্তি (Pradeepti)
প্রফুল্লা (Prafulla)
প্রবলা (Prabala)
প্রভদ্রা (Prabhadra)
প্রভাবতী (Prabhavati)
প্রভূতি (Prabhuti)
প্রভা (Prabha)
প্রমদা (Pramada)
প্রতিক্ষা (Prateeksha)

প্রমীলা (Pramila)
প্রবীনা (Praveena)
প্রশংসা (Prashansa)
প্রশান্তি (Prashanti)
প্রসিদ্ধি (Prashiddhi)
প্রস্তুতি (Prastuti)
প্রচী (Prachee)
প্রধা (Pradha)
প্রার্থনা (Prarthanaa)
প্রিয়ংবদা (Priyambada)
প্রিয়দর্শিনী (Priyadarshini)
প্রিয়া (Priya)
প্রীতি (Preeti)
প্রেক্ষা (Preksha)
প্রেমলতা (Premlata)
প্রেরণা (Prerana)
প্লক্ষা (Placksha)

(R)

রাজ্ঞী (Ragyi)
রাজীবনী (Rajivani)
রাধা (Radha)
রাধিকা (Radhika)
রামকলী (Ramkali)
রামদুলারী (Ramdulari)
রামকিশোরী (Ramkishori)
রঞ্জনা (Ranjana)
রম্ভা (Rambha)
রক্ষা (Raksha)
রজনী (Rajani)
রতি (Rati)
রত্নপ্রভা (Ratnaprabha)
রত্নাক্ষী (Ratnakshi)
রত্নপ্রিয়া (Ratnapriya)
রত্নাবলী (Ratnabali)
রমা (Ramaa)
রমানী (Ramani)
রশ্মি (Rashmi)
রাখী (Rakhi)
রাজকুমারী (Rajkumari)
রাজলক্ষী (Rajlakshmi)
রাজ্যলক্ষ্মী (Rajyalakshmi)
রাজশ্রী (Rajashri)
রাগবন্তী (Rajavanti)
রাণী (Rani)
ঋতা (Rrita)
ঋতু (Ritu)
রিদ্ধি (Riddhi)
রীতি (Reeti)

রাশি (Rashi)
রুক্মিণী (Rukmini)
রুচি (Ruchi)
রুচিতা (Ruchita)
রুদ্রা (Rudra)
রূমা (Rooma)
রূপবতী (Roopvati)
রূপা (Roopa)
রূহী (Roohi)
রেণু (Renu)
রেণুকা (Renuka)
রেবতী (Revati)
রেবা (Reba)
রোলী (Roli)
রমলা (Ramala)
রোহিনী (Rohini)
রোহিতা (Rohita)
রোশনী (Roshni)
রেখা (Rekha)
রাগিনী (Ragini)
রোলা (Rola)
(S)
সংক্রান্তি (Sankranti)
সঙ্গীতা (Sangeeta)
সঙ্গীতিকা (Sangeetika)
সন্তোষী (Santoshi)
সন্ধি (Sandhi)
সন্ধ্যা (Sandhya)
সম্পদা (Sampada)
সতবন্তী (Satvanti)
সত্যবন্তী (Satyavanti)
সত্য (Satya)
সরলা (Sarala)
সমীক্ষা (Sameeksha)
সীমন্তিনী (Simantini)
সরস্বতী (Saraswati)
সরিতা (Sarita)
সরোজ (Saroj)
সরোজিনী (Sarojini)
সবিতা (Savita)
সাধনা (Sadhana)
সারন্ধা (Sarandha)
সৈরন্ধ্রী (Sairendhri)
সারঙ্গা (Saranga)
সাক্ষী (Sakshi)
সারিকা (Sarika)
সিদ্ধেশ্বরী (Siddheswari)
সীতা (Sita)

সুন্দরী (Sundari)
সুকৃতি (Sukriti)
সুখদা (Sukhada)
সুষমা (Sushma)
সুখবন্তী (Sukhwanti)
সুখবতী (Sukhavati)
সুচিত্রা (Suchitra)
সুজাতা (Sujata)
সুদর্শনা (Sudarshana)
সুদীপ্তি (Sudipti)
সুদেশী (Sudheshi)
শ্রীদেবী (Sridevi)
সুদেষ্ণা (Sudeshna)
সুধা (Sudha)
সুনন্দা (Sunanda)
সৌম্যা (Soumya)
সুভদ্রা (Subhadra)
সুমঙ্গলা (Sumangala)
সুমতি (Sumati)
সুপর্ণা (Suparna)
সুমন (Suman)
সুমনলতা (Sumanlata)
সুমিত্রা (Sumitra)
সুমুখী (Sumukhi)
সুযশা (Sujasha)
সুপ্রিয়া (Supriya)
শ্রীপ্রিয়া (Shripriya)
সুরভি (Surabhi)
সুরুচি (Suruchi)
সুরেখা (Surekha)
সুরেশ্বরী (Sureshwari)
সুলক্ষণা (Sulakshana)
সুলভা (Sulabha)
সুলোমা (Sulama)
সুবর্ণরেখা (Subarnarekha)
সুবাসিনী (Subasini)
সুবিধা (Subidha)
সুবিদা (Subida)
শংকরী (Shankari)
শংখিনী (Shankhini)
শকুন্তলা (Shakuntala)
শক্তি (Shakti)
শতাব্দী (Satabdi)
শর্মিষ্ঠা (Sharmistha)
শশীবালা (Shashibala)
শান্তি (Shanti)
সারদা (Sarda)
শালিনী (Shalini)

শিখা (Shikha)
শিপ্রা (Shipra)
শিবা (Shiva)
শীলা (Sheela)
শুচি (Shuchi)
শেফালী (Shefali)
শৈলজা (Shailaja)
শৈলী (Shaili)
শোভা (Shobha)
শ্যামা (Shyama)
শুভ্রা (Suvra)
সুব্রতা (Subrata)
সুবাসিকা (Subasika)
সুশীলা (Shushila)
সুহাসিনী (Suhasini)
সূর্যলতা (Suryalata)
সোমলতা (Somlata)
সোহিনী (Sohini)
স্তুতি (Stuti)
সৃষ্টি (Srishti)
স্মিতা (Smita)
সুস্মিতা (Susmita)
স্মৃতি (Smriti)
স্বর্ণবালা (Swarnabala)
স্বর্ণলতা (Swarnalata)
স্বর্ণলেখা (Swarnalekha)
স্বর্ণদেহ (Swarnadeha)
স্বরা (Swara)
স্বাতি (Swati)
শ্রদ্ধা (Sraddha)
শিবাণী (Shivani)
শ্রেয়া (Shreya)
শ্রীপদা (Shripada)
শ্রীমঞ্জরী (Srimanjari)
শ্রুতিকীর্তি (Shrutikirti)
শ্বেতা (Sweta)
(T)
তাপ্তি (Tapti)
তনু (Tanu)
তন্বী (Tanvi)
তন্বাঙ্গী (Tanvangi)
তনুলতা (Tanulata)
তনয়া (Tanaya)
তপস্যা (Tapasya)
তরণী (Tarani)
তরুণী (Taruni)
তবিষী (Tavishi)
তাপী (Tapi)

তাম্রা (Tamraa)
তারা (Tara)
তারাদেবী (Taradevi)
তারামতী (Taramati)
তারিকা (Tarika)
তিলোত্তমা (Tilottama)
তুলসী (Tulsi)
তুষিতা (Tushita)
তুলিকা (Tulika)
তৃষা (Trisha)
তৃষ্ণা (Trishna)
তৃপ্তি (Tripti)
ত্রিলোচনা (Trilochana)
ত্রিবেনী (Triveni)
ত্রিনয়ণা (Trinayana)
তীর্থংকরী (Tirthankari)
তীর্থা (Tirtha)
(U)
উত্তমা (Uttama)
উত্তরা (Uttara)
উদ্‌গীতা (Udgeeta)
উন্নতি (Unnati)
উপমা (Upama)
উপাসনা (Upasana)
উমংগ (Umang)
উর্মিলা (Urmila)
উর্বি (Urvi)
উর্বশী (Urvashi)
উল্কা (Ulka)
ঊষা (Usha)
উষ্মিতা (Ushmita)
ঊর্যা (Urja)
ঊর্মি (Urmi)
উন্মেষী (Unmeshi)
উষ্ণি (Ushni)
(V)
বাণীতা (Vanita)
বকুলা (Vakula)
বৃন্দা (Vrinda)
বজ্রা (Vajra)
বন্ধা (Vandha)
বরদা (Varada)
বাসন্তিকা (Vasantika)
বাসন্তী (Vasanti)
বসুন্ধরা (Vasundhara)
বসুমতী (Vasumati)
বাগেশ্বরী (Vageswari)
বাগ্‌দেবী (Vagdevi)

বাণী (Vani)
বামা (Vama)
বিন্ধ্যা (Vindhya)
বিক্রান্তা (Vikranta)
বৈজয়ন্তী (Vaijayanti)
বিজয়লক্ষ্মী (Vijaylakshmi)
বিদ্যুৎপ্রভা (Vidyutprabha)
বিনতি (Vinati)
বিনয়মোহিনী
(Vinaymohini)
বিপুলা (Vipula)
বিভা (Vibha)
বিভাবতী (Vibhavati)
বিভাবরী (Vibhawari)
বিভূতি (Vibhuti)
বিমলা (Vimala)
বিশাখা (Vishakha)
বিশ্রান্তি (Vishranti)
বিশ্রুতি (Vishruti)
বিশ্বম্ভরা (Vishambhara)
বিশ্বমোহিনী
(Vishwamohini)
বীণা (Veena)
বীনাপাণি (Veenapani)
বীরাবতী (Veerawati)
বীরা (Veera)
বৃষ্টি (Vrishti)
বেণী (Veni)
বেলা (Vela)
ব্যঞ্জনা (Vyanjana)

(Y)

যমলা (Yamala)
যমুনা (Yamuna)
যশোদা (Yoshoda)
যশোধরা (Yoshodhara)
যশোমতী (Yoshomati)
যষ্টি (Yashti)
যাচনা (Yachna)
যমা (Yama)
যামিনী (Yamini)
যুতি (Yuti)
যোগমায়া (Yogmaya)
যোগসিদ্ধি (Yogsiddhi)
যক্ষিণী (Yakshini)
যজ্ঞবল্লভী (Yagyaballavi)
যমনী (Yamni)
যমলা (Yamla)
যষ্টি (Yashti)

যাচনা (Yaachna)
যাজুষী (Yajushi)
যজ্ঞসেনা (Yognasena)
যামবতী (Yamvati)
যাবী (Yavi)
যুক্তা (Yukta)
যুক্তি (Yukti)
যুতি (Yuti)
যোগমাতা (Yogamata)
যুগান্তিকা (Yugantika)
যুগদর্শিনী (Yugadarshini)
যুগদৃষ্টি (Yugadrishti)
যোগশ্রী (Yogashree)

2. মুসলিম নাম

(i) ছেলেদের নাম

(A)
আফাক
আমীর
আসীম
আব্দুল
আবদুল্লা
আব্রাহিম
আফজল
আহসান
আকবর
আক্রাম
আকতার
আমজাদ
আনোয়ার হুসেন
আলাউদ্দিন
আলী আহমদ
আলী ইয়ার
আনোয়ার আহমদ
আমীনুদ্দীন
আলম
আলতাফ
আসফাকউল্লাহ
আর্শাদ
আব্দুসামাদ
আতাউর রহমান
আবু বাকার
আসরার উল হক
আসাদ
আলিমুদ্দিন
আবুরার আলভী
আনীস
আরীফ
আসলাম
আকীল
আগা
আদিল
আলমগীর
আঞ্জুম
আকিফ
আজাদ

আফতাহ
আদম
আতিকুর রহমান
আয়ুশী
আজাহারউদ্দীন
আজীম
আজিজ
(B)
বখতাওয়ার
বদরুদ্দীন
বদীউজ্জামান
বশীর
বকীর
বাদশাহ
বেরহম
বাহলোল
বখতিয়ারউদ্দীন
(C)
চমন
চেংগীজ
চাঁদ
(D)
দানীয়াল
দারা
দানীশ
দিলাওয়ার
দৌলত
দায়ুদ
(C)
ইজাজ
ইহাতিশাম হুসেন
ইহামদ
(F)
ফকীর
ফকুদ্দীন
ফিরোজ
ফজলুর রহমান
ফৈজ
ফারুখ
ফজল
(G)
গুলাম নবী
গায়াসুদ্দীন
গফুর আহমদ
গুলজার
গুলরেজ
গুল মহম্মদ
গুলফাম

(H)
হাসীম
হানিফ
হামিদ
হামীদ
হাসান
হুসেন
হায়দর
হাফিজ
হুমায়ুণ
হারুণ
হসরত
হালিম
(I)
ইব্রাহিম
ইদ্রিস
ইমরান
ইম্রোজ
ইকবাল
ইমারত
ইন্তেজার হুসেন
ইসার আহমেদ
ইনায়ৎ আলী
ইসমাইল
ইন্শা
(J)
জাভেদ
জামিল
জামশেদ
জামাল
জামালুদ্দিন
জাহাংগীর
জালাউদ্দিন
জোহর
জোরাবর
জালাল
জালিল
(K)
কামাল
খুরো
খলিল
করিম
করামত
খুরাম
খুর্শিদ
খলিফা
(L)
লতিফ

(M)
মহম্মদ
মনসুর
মঞ্জুর আহমদ
মুরাদ
মজিদ
মুস্তাক
মাসুদ
মকবুল ফিদা হুসেন
মলিন
মেহমুদ
মসীত
মকসুদ
মালিক
মাসুম
মির্জা
মেহবুব
মাহির আলী
মেহন্দী হুসেন
(N)
নদীম
নিয়াজ
নৌশাদ
নকশাহ
নুর আহমদ
নবাব
নিসার
নদীম
নিজামুদ্দিন
নৌশার
নজাকত
নাসির
নাসীরুদ্দিন
(O)
অসমান
অবেদুল্লা
(P)
পারভেজ
পীর
পয়ামল্লাহ
পরোয়ানা
পরভাউ
পান্জা-এ-আফতার
পান্জা-এ-খুর্শীদ
(G)
কাদির
কাসিম
কুশিশ

কুরবান আলী
কায়ুম
(R)
রামিজ
রফিক
রহিম
রশিদ
রিয়াজ
রহমত
রসূল্লাহ
রৌনক
রৌনকউদ্দীন
রোশন
রশিদ
রাজা
রাজে
রুস্তম
(S)
শাহীদ
শাদত
সৈফ
সৈফুদ্দীন
সিকন্দার
সঈদ
সেলিম
সেলিম আলী
সাজিদ
শোয়েব মহম্মদ
শামীম
সফদার
শোহরাব
শোহেল
শামসের-উর-রহমান
শাকীল
শরীফ
শাহেরইয়ার
(T)
তালাত
তাহির
তকবীর আহমদ
তনফিকউল্লাহ
(U)
উমর
উস্মান
(V)
বাসীম
বিলায়েত
বাকুয়ার

(W)
ওয়াহিদ
ওয়াহীদ
ওয়াজিদ আলী
ওয়াকিফ
(Y)
ইয়ুসুফ
ইয়াকূত
ইয়াকূব

(Z)
জিয়া-উল-হক
জিয়া-উর-রহমান
জাফর
জাহির
জাকির হুসেন
জাহুর আহমদ
জাহিরুদ্দীন
জয়নুল বাশার

(ii) মেয়েদের নাম

(A)
আমিলা
আবিদা
আরজু
আকিদা
আংগুরি
আখতারী
আঞ্জুমান আরা
আজিজা
(B)
বশীরত জাহান
বিলকিস
বেনাজির
বনাজীর
বাহার
বাহরীন
বানু
বুর্ক
(C)
চাঁদনী
চন্দাবীল
চামেলী
করীমন

(D)
দুলারী
(F)
ফতিমা
ফাহমিদা
ফিরদাউস
(G)
গেসু
(H)
হামিদা
হুস্ন
হাসিনা
হামিদিয়া
(I)
ইস্মত
(J)
জন্নত
জাহানারা
জেবুন্নিসা
জামিলা
(K)
কৌসর
নুসরত

(L)
লালিন
লায়লা
(M)
মহসীনা
মহাজাবীন
মাহপারা
মাহরু
মুমতাজ
মেহরুন্নিসা
মুস্তারী
মুন্নাওয়ারী
মেহমুদা
(N)
নাসরীন
নাজনীন
নার্গিস
নাজিমা
নাগমা
নাসিম
নাদিরা
নূরী
নিখার
নাহিদ
নাদিমা
(P)
পারভীন
পরীরু
(Q)
কুরতুলাইন
কুয়াদাসিয়া
(R)
রোশেনারা
রুখসানা
রেহমানী
রেশমান
রেহানা
রসুলন
রৌশানী
(S)
সায়রা
শৌকত
শবনম
শরিফা
সুরাইয়া
শাকিলা

শাম্মী
শমা
শাফিনা
সোফিয়া
(T)
তবস্সুম
তমন্না
তালাত
তাহিরা
(U)
উস্মানী
(W)
ওয়াহিদা
ওয়াজিদা
ওয়াহীদা
(Y)
ইয়ামমিন
(Z)
জাকিয়া
জনিত
জারিনা
জাইনাহ
জেবুন্নিসা
জুলেখা
জাহিদা

3. কিছু জনপ্রিয় খ্রীশ্চান নাম

(i) ছেলেদের নাম

(A)
আরুণ
আব্রাহাম
আবসালোম
আদম
আডল্‌ফ
আদ্রিয়ান
আলান
আলিস্তির
অ্যালবার্ট
অ্যালফ্রেড
আলেকজান্ডার
অ্যালফ্রেড
আলেক্সিস
আল্‌ফানসো
আলগারনোন
আলিসোন
এ্যালেন
আলফোনসাস্
অ্যামব্রোজ
[illegible]
এ্যান্ড্রু
এ্যানেটরিন
এ্যানগাস
এ্যান্থনী
আর্চিবান্ড
আর্নল্ড
আর্মরি
আফনাসিয়াস
আর্বারী
অগাষ্টিন
এ্যানগুসটাস
এ্যালমের
অলউইন

(B)
বাল্ডভিন
বাপটিষ্ট
বারডল্ফ
বার্ণে
ব্যারী
বার্থোলোমিউ
বাসিল

বেনেডিক্ট
বেঞ্জামিন
বার্নাডি
বার্ট
বার্টাম
বিল
বব
বরিস
ব্রায়ান
ব্রুনো
(C)
ক্যাসিমির
ক্যাসপার
সিসিল
সেড্রিক
চালর্স বা চার্লি
ক্রিশ্চিয়ান বা ক্রিস
ক্রিস্টোফার
ক্লভ
ক্লেমেন্ট
ক্লাইভ
ক্লোভিস
কলিন
কোল
কোনর
কনরাড
কর্নেলিয়াস
ক্রেগ
ক্রিসপিন
সিনিল
সাইরাস
(D)
ডামিয়ান
ডেভিড
ডিমেট্রাস
ডেনিস
ডেরেক বা ডেরিক
ডেসিডেরাটাস
ডেসমন্ড
ডিক
ডিগোরি
ডিওনিসিয়াস
ডোনাল্ড
ডুগাল
ডগলাস
ডানকান
ডুইট
ডমিনিক

(E)

এডি
এডমন্ড
এডওয়ার্ড
এডগার
এডমুন্ড
এডউইন
এগবার্ট
এলড্রেড
এলি
এলিয়াস
এমোরি
এমলিন
এম্যানুয়েল
এমরিস
ইনোচ
ইফ্রাইম
ইরাসমুস
ইরাসটুস
আর্নেষ্ট
এরিক
ইসাউ
ইথেলবার্ট
ইউজিন
ইউসেলিয়াস
ইউসটেস
ইভান
এভেরার্ড
ইউয়ান
এজেকিল
এজরা

(F)

ফাবিয়ান
ফেলিক্স
ফার্দিনান্দ
ফার্গুস
ফিনলে
ফিন্ডলে
ফ্রান্সিস
ফ্রেডেরিক
ফাল্ক

(G)

গ্যাব্রিএল
গ্যারেথ
গ্যারি
গ্যাভিন
গ্যাসপার
জিওফ্রে

জর্জ
গেরান্ড
গেরার্ড
জার্মেইন
জার্ভিস
গিল
গিলবার্ট
গডফ্রে
গডউইন
জর্ডন
গ্রাহাম
গ্রেগরী
গ্রিফিথ
গুসটাইআস
গাই
গুইলিম
(H)
হাড্রিয়ান
হ্যারল্ড
হারভে
হিক্টর
হেনরী
হেনড্রিক
হার্বার্ট
হারকিউলিস
হার্মান
হিউ
হিলারী
হিল্ডেব্রান্ড
হিরাম
হবসন
হজ
হোমার
হোপ
হিউবার্ট
হুগ
হুগিন
হামবার্ট
হাম্ফ্রি
হায়াচিন্থ
(I)
ইয়ান
ইফান
ইগনাসিয়াস
ইগোর
ইম্যানুএল
ইনগ্রাম
ইরা

আইজ্যাক
ইসাইয়াহ
ইসিডোর
ইস্রায়েল
ইভান
ইভোর
(J)
জাবেজ
জ্যাক
জ্যাকব
জেমস্
জ্যারেড
জ্যাসপার
জেফ্রি
জেরেমিহ
জেরোম
জেরী
জার্ভিস
জেস
জেথরো
জিম বা জিমি
জোয়াচিম
জব
জক
জো
জন বা জনি
জোনাস
জোনাথন
জোসেফ
জোসুয়া
জোসিয়া
জুলিয়ান
জুলিয়াস
জুসটাস
(K)
ক্যারেন
কেথ
কেনেথ
কেসটার
কেভিন
কিং
(L)
ল্যামবেট
ল্যান্স
লরেন্স
লাজারুস
লিয়েন্ডার
লী

ল্যামুয়েল
লিও
লিওনার্ড
লিওপল্ড
লেসলী
ল্যুইস
লিয়মে
লিন্ডসে
লিওনেল
লয়েড
লর্ড
লুইস
লুকাস
লুক্রেটিস
ল্যুক
লুথার
(M)
ম্যাগনাস
ম্যালকম
ম্যানুয়েল
মার্কাস
মার্ক
মার্টিন
ম্যাথু
মরিস
ম্যাক্সিমিলিয়ান
ম্যাক্সওয়েল
মিকাহ
মিচেল
মিলেস
মানটাগ
মরগাম
মৌরিস
মর্টিমোর
মোসেস
মারে
(N)
নাথান
নাথানিয়েল
নীল
নেভিল
নিকোলাস
নিগেল
নোয়া
নরমাহ
(O)
ওক্টাভিয়াস
ওলাজ

ওলিভার
ওস্কার
ওসমন্ট
ওসওয়াল্ড
ওট্টো
ওয়েন
(P)
প্যাট
প্যাট্রিক
পল
পোপ
পিটার
ফিলেমন
ফিলিপ
পলি
(Q)
ক্যুইনটিন
(R)
র‍্যাচেল
রাল্ফ
রানাল্ড
র‍্যান্ডাল
রাওল
রে

রেমন্ড
রেজেনাল্ড
রেনে
র‍্যাবেন
রেক্স
রেনল্ড
রিস
রিচার্ড
রবার্ট
রড্রিক
রডনি
রোডোল্ফ
রজার
রোনাল্ড
রাওনাল্ড
রয়
রুডল্ফ
রুফাস
রুপার্ট
(S)
স্যামসন
স্যামুয়েল
স্যান্ডি
সাওল

সীন
সেবাস্তিয়ান
সেকান্ডাস
সিডনী
সিমন
সোলোমন
ষ্ট্যানলী
ষ্টীফান
ষ্টুয়ার্ট
ষ্টিউয়ার্ট
(T)
টেরী
থিওবাল্ড
থিওডর
টমাস
টনি
ট্রেভর
ট্রিসটেম
(U)
উলিক
উলিসেস
(V)
ভিক্টর
ভিনসেন্ট
ভিভিয়ান
(W)
ওয়াল্টার
ওয়ারেন
উইলফ্রেড
উইলিয়াম
উইলহেম
উইনষ্টন
উইনস্থন
(X)
জেভিয়ার
(Y)
ইভন
(Z)
জেভেকিয়াহ
জেকে

(ii) মেয়েদের নাম

(A)

আভা
আভেলা
আভেলিনা
আগাথা
এ্যাগানস
আইলিন
এ্যালিস
এ্যালিন
আল্‌মা
আমাবেল
আমান্ডা
আমেলিয়া
অ্যামি
এ্যানাসটাসিয়া
এ্যাঞ্জেলা
এ্যান বা এ্যানা
এ্যানাবেল
এ্যানথিয়া
অড্রি
আভা
এ্যাডিস

(B)

বার্বারা
বিয়াট্রেক্স
বেলিন্ডা
বেলি
বেরেনিস
বার্থা
বেটি
ষ্টেমি
ব্রেন্ডা
ব্রিজেত বা ব্রিজেদ

(C)

ক্যামিলা
ক্যানডিডা
কালেট্টা
ক্যারোল বা ক্যারোলিন
ক্যাসান্ড্রা
ক্যাথরিন
সেলিয়া
চ্যারিস
চ্যারিটি
চেরী

ফ্লোরিস
ফ্রিস্টাবেল
কারা
ক্ল্যারেন্সী
কোলেট
কন্সট্যান্স
কোরা
কোরালি
কর্ডেলিয়া
কোরিন
ক্রেসিডা
সিন্থিয়া

(D)
ডেবোরা
ডেলিয়া
ডায়ানা
ডিনাহ
ডোলোরিস
ডোনা
ডোরা
ডোরীন
ডোরিস
ডরোথী
ডুল্‌সি

(C)
এডনা
আইলিন
আইরীন
ইলিয়ানোরা
এলফ্রেডা
এলগিভা
এলিজাবেথ
লিজ
এলা
এলমা
এলেন
এলসা
এলভিরা
এমিলি
এম্মা
এমেলিন
এনা
এনিড
এস্মে
এস্টেলা
এস্থার
এথেল
এট্টা

ইউলিয়া
ইউনাইস
ইউফেমিয়া
ইভা
ইভালিন
(F)
ফেথ
ফ্যানী
ফাউসটিনা
ফে
ফেনেলা
ফিওনা
ফ্লাভিয়া
ফ্লেওর
ফ্লোরেন্স
ফ্রেডা
ফ্রিয়েডা
(G)
গেল
গে
গেমা
জেন
জেনেভিভ
জার্ভা
গার্টুর্ড
গ্লাডিস
গ্লোরিয়া
গ্রেস
গ্রেটা
গ্রিজেল
জেনিথ
(H)
হ্যানে
হ্যারিয়েট
হ্যাজেল
হেলেন
হেলগা
হিলডা
হোপ
হোরাটিয়া
হূল্ডা
হিয়াসিন্থ
হিয়াসিন্থিয়া
I
ইভা
ইমোজেন

ইনেস
ইনগ্রিভ
আইরিন
আইরিস
ইসাবেলা
ইসলা
আইভি
(J)
জেন
জ্যানেটা
জ্যানিস
জ্যানেট
জেসমীন
জেমিমা
জেনী
জেসী
জেসীকা
জোয়ান
জয়
জয়েস
জুডিথ
জুলিয়া
জুনে

(K)
ক্যাথলিন
ক্যাথরিনা
ক্রিষ্টি
(L)
লোরা
ল্যাভিনিয়া
লিয়া
লীলা
লেনা
লেসলিও
লেসলী
লেটলিস
লিলি
লেন্ডা
লিয়েন্ডা
লিজ বা লিজি
(দেখুন এলিজাবেথ)
লোইস
লোলা
লোরিন্ডা
লোর্না
লিভিয়া

(M)
ম্যাবেল
ম্যাজ
ম্যাইরী
ম্যামি
মার্গারেট বা ম্যাগী
মারিয়া
মেরীগোল্ড
মেরীলিন
ম্যারিলা
মার্গারী
মারলীন
মার্থা
মেরী
মাফিল্ডা
ম্যালডিস
মে
মেয়াভ
মেলানী
মেলিসা
মার্সী
মেরেডিথ
মিলড্রেড
মিলি
মিমা
মীনা
মিন্না
মিন্নি
মিরাবেলস
মিরান্ডা
মিরিয়াম
মইরা
মলি
মোরা
মোরিকা
মোরনা
মোরভেন
মোয়না
মাইরা
মাইসী
(N)
ন্যান বা ন্যানি
ন্যান্স বা ন্যান্সি
নাওমি
নাটালিয়া
নেসা
নিনা
নোএলা

নোরা
নর্মা
(O)
ওভেট
ওল্গা
ওলিভিয়া
ওলওয়েন
ওলিম্পিয়া
ওফেলিয়া
ওট্টিলিয়া
(P)
প্যাডি
পামেলা
প্যান্সি
পেসেন্স
প্যাট্রিসি
প্যাট্রেসিয়া
প্যাটি
পার্ল
পেগি
পেরোডিটা
পার্সিস
পেট্রোনেলা
পলি
পপি
প্রিমরোজ
প্রিসিলা
প্রুডেন্স
(Q)
ক্যুইনি
ক্যুইন
(R)
রে
রেবেকা
রোনা
রীটা
রোমা
রোসালিন্ড
রোসালিনা
রোসামন্ড
রোসাবেল
রোসাবেলা
রোসালি
রোজমেরী
রোজা
রুবী

রুথ
(S)
স্যাডি
স্যালি
সামন্থা
সালোম
স্যান্ড্রা
সারা
সেলীনা
সেনেগা
সিওনাড
সেরেনা
শারন
শীনা
শীলা
শীলাগ
শোনা
শার্লি
সিবিল
সিগ্রিড
সোফিয়া
সোফি
সোনিয়া
সোফরোনিয়া
ষ্টেলা
সুসান
সিলভিয়া
(T)
তাবিথা
তানিয়া
টেরেন্স
টেরেসা
টেসা
ট্রেসি
থেয়া
থেলমা
থিওডোরা
থিওদোসিয়া
থেরেসিয়া
টিপ্পি
ট্রিক্স বা ট্রিক্সি
(U)
উনা
উর্সুলা
(V)
ভ্যালেনটাইন
ভ্যালেরিয়া
ভ্যালিরি

ভ্যালেনি
ভেনেসা
ভেনেটিয়া
ভেরা
ভেরে
ভেরেনা
ভেরিটি
ভেরোনিকা
ভেসটা
ভিভা
ভিওলা
ভার্জিনিয়া
(Z)
ওয়ান্ডা
ওয়েন্ডি
উইলহেলমীনা
উইনিফ্রেড
উইনি
(X)
জেনা
(Y)
ইভোন
ইভেট
(Z)
জেনা
জেনোবিয়া
জিন্নাহ
জো

3500 NAMES FOR BABIES